W0405305

RAINIER

Du même auteur

Les Rois assassinés, Bartillat, 1993, réédition 2002.
L'affaire Louis XVII, Tallandier, 1995, réédition 2000.
Clovis, 496-1996 : enquête sur le XVe centenaire (avec Luc de Goustine), Régnier, 1996.
Les Grimaldi, 700 ans d'une dynastie, Balland, 1997.
Les princes de la mer, Balland, 1998.
Histoire des Reines de France : Marie de Médicis, Pygmalion, 1998.
Histoire des Reines de France : Anne d'Autriche, Pygmalion, 1999.
Histoire des Reines de France : Marie-Antoinette, Pygmalion, 1999.
Louis XVII, la vérité, Pygmalion, 2000.
Histoire des Reines de France : Aliénor d'Aquitaine, Pygmalion, 2001.
Les Aventuriers de Dieu, Jean Picollec, 2002.
Histoire des Reines de France : Blanche de Castille, Pygmalion, 2002.
La Reine mère, légendes et vérités, Balland, 2002.
Histoire des Reines de France : Isabeau de Bavière, Pygmalion, 2003.

Philippe Delorme

RAINIER

Un prince de légende

Préface de Françoise Laot

Michel LAFON

Tous droits de traduction, d'adaptation
et de reproduction réservés pour tous pays.

© Éditions Michel Lafon, 2005
7-13, boulevard Paul-Émile-Victor – Île de la Jatte
92521 Neuilly-sur-Seine Cedex

Préface

Parler de Monaco au XXIe siècle, c'est réincarner Grace Patricia Kelly, américaine et comédienne, en héroïne de conte de fées. Ce qu'elle ne fut pas. Magiquement belle, suprêmement distinguée, infiniment timide – sauf devant les caméras –, très attentive aux autres, malgré sa myopie qui l'empêchait de vous reconnaître, elle était réaliste, efficace, perfectionniste, avec un rien de fatalisme, juste pour lui donner cette touche d'humanité qui semble, parfois, avoir manqué à Jackie Kennedy. Ni snob ni frivole. Flattée, étonnée, oui, d'être Altesse Sérénissime, mais faisant de ce titre un tremplin pour redorer le blason de la principauté.

Je les ai rencontrés tous les deux quand j'étais rédactrice en chef de *Point de vue*. Ensemble et séparément. Lui, Rainier, tout seul, comme hébété après la tragédie de septembre 1982. Si disparates. Mais si indissolublement liés, d'abord par l'amour, ensuite par le « job », à chaque instant par les enfants.

L'Histoire ne les divisera pas. Mais elle donnera sa vraie place à SAS le prince Rainier III, le souverain le plus titré au monde, qui souhaitait qu'on se souvienne seulement du « prince bâtisseur ».

Une personnalité complexe à l'expérience si vaste, qui a régné plus de cinquante-cinq ans, presque autant que Louis XIV, la reine Victoria ou l'empereur François-Joseph. Dans l'ordre protocolaire, il était le plus ancien souverain d'Europe et, à ce titre, le premier dans les cérémonies officielles. Le premier, aussi, à avoir établi sa résidence à Monaco.

Réservé, sans doute parce que son enfance fut triste et solitaire, il était pourtant essentiellement méditerranéen : coléreux, impulsif, obstiné, tenant fermement la barre de son minuscule État. C'était lui « le chef ». Dans son bureau, une pancarte en gros caractères le rappelait, avec ces simples mots : « The boss ». À bon entendeur, salut. C'est lui qui décidait, qui mettait dehors les importuns – parfois des ministres d'État – avec fracas. Oui, pourquoi pas la démocratie, si c'est lui qui commandait. Sans doute n'aurait-il jamais pu être prince consort, comme Philip de Grande-Bretagne ou Bernhard des Pays-Bas, qui comptent parmi ses meilleurs amis.

À ses yeux, rien n'était trop beau pour la principauté. C'est en raison de son exiguïté, de sa fragilité, qu'il faut justement montrer sa détermination. Il osa affronter de Gaulle en 1962, dans une crise douanière, rapide mais violente, qui l'opposa à la France. Certains en sourient encore, mais le pli est désormais pris : Monaco fait partie des grandes instances internationales, a été admis au sein de l'ONU en 1993.

D'aucuns prétendent que ce prince se prenait pour l'Empereur. C'est vrai que le palais renferme un riche musée napoléonien, mais il a été créé par son grand-père Louis II et si Rainier aimait à le montrer à ses amis, c'est surtout pour d'émouvants souvenirs du roi de Rome, ses jouets, ses chaussons, et surtout son berceau où Albert, selon la tradition, a dormi quelques heures.

Pas du tout mégalo, mais patriote. Rainier aurait sincèrement aimé mener une vie plus simple. À Roc-Agel, par exemple, dans les montagnes au-dessus de la principauté, où il a pu exercer ses dons manuels, fondant lui-même un canon de bronze à échelle réduite, réplique de ceux qui ornent l'entrée du palais.

Il aurait préféré être taxé de manuel plutôt que d'intellectuel. Il dissimulait son amour de la poésie et il écrivait des vers. Il relisait toujours avec le même plaisir Mallarmé et Apollinaire, se méfiait davantage des philosophes. Bibliophile averti, il aimait le contact des beaux livres. C'était un sensuel, sensible à la matière, à l'esthétique, faisant l'éloge de la beauté.

Le sport, il en fit plus que de raison. Tennis, squash, golf, chasse en son domaine de Marchais dans l'Aisne, jusqu'à un âge avancé. Possédant sans doute la plus belle collection de voitures anciennes au monde, il lui arrivait de sortir au petit matin, vers cinq heures, et de faire pétarader ses bolides. Un jour, quittant ainsi le palais à moto par une porte latérale, il ne s'aperçut qu'à la dernière seconde qu'elle était encore fermée...

C'était un homme de solitude active, pas de contemplation. Rainier aimait la mer pour ses richesses, sa diversité, et parce qu'il faut sans cesse la maîtriser. Écologiste, mais pas au sens politique. Le commandant Cousteau fut son « grand homme », et le musée océanographique demeure l'une de ses fiertés.

Des sept péchés capitaux, un seul apparaît chez lui manifeste : la gourmandise... En fin gourmet, il n'a jamais laissé pénétrer au palais la cuisine moderne ou celle venant d'outre-Atlantique ! Avec malheureusement, le revers de la médaille : une prise de poids excessive et une santé devenue très précaire avec les années. La princesse Grace a essayé de le remettre dans le chemin de la frugalité, sans grand succès, jusqu'au séjour prolongé dans une clinique de la Côte d'Azur. Malheureusement, le prisonnier s'en échappait parfois pour un dîner copieux dans un restaurant où l'on était censé ne pas le reconnaître !

Rainier a aimé la vie plus que les hommes. Très sensible, introverti pour tout ce qui touche à son intimité, il a toujours mal supporté les petites infidélités, voire les trahisons de ses congénères. Est-ce pour cela qu'il était l'ami des bêtes ? Le zoo, qu'il a créé dans une dépendance du palais, est un centre d'acclimatation, un paradis pour tous les animaux. Il les connaissait et les aimait tous.

Il en parlait si bien : « J'ai rencontré beaucoup d'hommes déjà... de toutes provenances, de tous rangs et de toutes races ; j'ai connu beaucoup d'animaux, peut-être imparfaitement, mais j'ai, en tout cas, beaucoup plus d'amis chez eux. C'est la terrible différence ! J'ai toujours senti à leur contact une certaine gêne et une espèce d'infériorité morale... À la réflexion, ce qui m'incommode, c'est de mesurer leur supériorité dans la force de leur affection. »

Bien sûr, le spectacle qu'il préfèrait aux ballets et aux opéras de la Salle Garnier, c'était le cirque. Avec la solidarité des hommes et des bêtes, cette volonté de dépassement, le risque, les odeurs...

La grande révélation de sa vie n'en demeure pas moins la paternité. Il a trente-quatre ans lorsque naît Caroline. C'est l'éblouissement. Lorsque vient Albert, un an plus tard, le bonheur d'avoir un héritier le comble. Mais il souhaite un cercle de famille plus large : au moins quatre enfants.

Stéphanie arrivera en 1965, bientôt auréolée de toutes les qualités de la petite dernière.

À chaque instant, il y pense. Rainier et Grace emmènent leurs enfants en voyage avec eux chaque fois que c'est possible. Sinon le prince, même pour une absence de trois jours, rapporte à chacun un cadeau. Il les appelle « mes monstres », souffre lorsque leurs études les dispersent, en veut à mort aux journalistes lors des premiers coups de cœur étalés en public. Il est indulgent, mais pas permissif. Il explique, conseille inlassablement. Il juge à sa manière la personnalité de chacun : « Caroline est la plus raisonnable. » Il se rend compte qu'Albert est le plus mal loti, avec la responsabilité de prince héréditaire qui pèse sur ses épaules ; c'est avec lui qu'il est le plus sévère. De Stéphanie, qui a hérité de sa générosité et de son amour des bêtes, il disait : « Pourvu qu'elle ne change pas... »

Après tant de vicissitudes et de drames, les portes du palais sont toujours restées grandes ouvertes. Même à la plus extravagante, dont le prince savait qu'elle ne s'est jamais remise jamais d'avoir été aux côtés de sa mère lors de l'accident du 13 septembre 1982.

Sept petits-enfants : c'est la joie. Un héritier qui n'est pas marié : c'est une tristesse. Mais tout problème comporte sa solution. Peut-être Andrea, après Albert, le fils aîné de Caroline et de Stefano Casiraghi, mort accidentellement en 1990. Par la volonté de son grand-père, il pourrait devenir Grimaldi, être titré duc de Valentinois. Rainier, lui, est allé jusqu'au bout. C'était le « boss ».

Françoise Laot

I

Le prince et l'étoile

« Il semble que rien ne puisse jamais égaler, en liesse populaire, en ferveur princière, en émotion sincèrement ressentie, cette journée mi-ensoleillée, mi-pluvieuse du 19 avril 1956, où la folie s'est tout à coup emparée d'une principauté vouée à la sérénité. [...] Tout concordait pour en faire un événement exceptionnel : un jeune prince célibataire régnant sur l'un des plus séduisants États du monde, et une star de Hollywood, comédienne racée, qui aimait jouer les rôles de jeune fille de bonne famille. » Dans son éditorial de *Point de Vue-Images du Monde*, rédigé pour le vingtième anniversaire du mariage de Rainier et de Grace, Françoise Laot a su parfaitement résumer cet instant de magie, apogée du destin personnel de Rainier, point d'orgue aussi des sept siècles d'histoire de la dynastie Grimaldi.

Depuis l'aurore, la cathédrale Notre-Dame de l'Immaculée-Conception, qui domine le Rocher, est cernée par une marée humaine. Des trains spéciaux, des centaines d'autocars, un pont aérien d'Orly à Nice, ont déversé depuis deux jours des flots ininterrompus de curieux – plus de cent mille peut-être – dans les rues de la vieille ville, qui n'a jamais semblé si minuscule. « Ce matin, relate l'envoyé spécial du *Monde*, la cathédrale est presque inabordable. Depuis sept heures cependant, elle est assiégée par tout ce que la principauté compte d'habitants et de visiteurs. » Quant au service d'ordre, il demeure « inflexible sur le chapitre des consignes. Celles-ci se résument en quatre mots qui sonnent comme un grincement de verrou : on ne passe pas ».

Les douze marches du sanctuaire sont décorées d'un tapis d'hortensias, d'orchidées et d'œillets, mauves, rouges et blancs. Deux praticables ont été dressés devant l'entrée, où vont prendre place quelque deux cents photographes et cadreurs. Même les reporters de *Paris Match* n'en reviennent pas : « Aucun événement, pas même le couronnement d'Elizabeth d'Angleterre, n'avait jamais attiré une telle affluence de journalistes : ils étaient deux mille – plus de la moitié de la population monégasque – ayant à leurs trousses des milliers de photographes amateurs qui avaient dévalisé tous les magasins de pellicules de la principauté. » Pour la première fois, une cérémonie de ce genre sera retransmise en direct par Eurovision. Trente millions de téléspectateurs dans neuf pays fixent déjà leurs étranges lucarnes. « Ils ont été les seuls, à l'instant solennel, à voir les yeux de Grace s'emplir de larmes. »

Il est vrai que les images promettent d'être hautes en couleurs. Comme dans les meilleures productions de Hollywood, les figurants prennent place en premier. Si les monarques régnants boudent la cérémonie – la reine Élisabeth II est seulement représentée par son consul à Nice –, le septième art a délégué ses plus illustres représentants : Cary Grant, Ava Gardner, David Niven ou encore Gloria Swanson.

Parmi les cinq cents invités d'honneur qui ont le privilège de pénétrer dans le sanctuaire archicomble, certains ont revêtu des tenues rutilantes. Plumets, bicornes chamarrés, vastes capes chevaleresques à revers rouge, grand-croix et grands cordons, épaulettes et fourragères, sabres à glands d'or, robes de toutes nuances, monocles et diadèmes : tout concourt à l'éclat de la journée. Et comme pour être en harmonie, le ciel a recouvré une partie de son bel azur.

À dix heures trente-cinq, le cortège automobile parcourt les rues de la vieille ville, pavoisées de fleurs, de guirlandes, de lampions, de drapeaux monégasques rouge et blanc, de bannières étoilées. Le grondement lointain des canons de la citadelle ne parvient pas à couvrir le tumulte des vivats. Grace entre dans la cathédrale au bras de Jack Kelly, son père, tandis que résonne l'*Uxor tua* de Jean-Sébastien Bach. Elle porte une fabuleuse robe en soie écrue et dentelle de Valenciennes dessinée par Helen Rose, styliste à la Metro Goldwyn Mayer, son ancien producteur. L'ensemble a nécessité quarante-six mètres de taffetas et quatre-vingt-dix mètres de tulle. Les manches sont longues et moulantes, le corsage ajusté, la jupe ample et bouffante. Le col montant à l'ancienne souligne son port de tête altier. Rainier, pour sa part, s'est imaginé un costume inspiré des uniformes des XVIIIe et XIXe siècles, avec une tunique noir et or rehaussée de décorations, un pantalon bleu à bande dorée, un bicorne bleu marine à plumes d'autruche.

La cérémonie est présidée par Mgr Gilles Barthe, évêque de Monaco, en présence du nonce apostolique à Paris, Mgr Marella. « Votre mariage fait naître de grandes espérances », rappelle l'officiant avant de les unir. Il leur déconseille aussi de prêter une oreille trop attentive à une chanson alors à la mode : « Faisons notre bonheur nous-mêmes. » Des milliers de branches de lilas blanc – la fleur préférée de Grace – embaument la nef. Pendant la messe, sont interprétés des Préludes de Bach, le Kyrie de Mozart, et un Cortège nuptial opus 38, œuvre de circonstance de l'organiste de la cathédrale, Émile Bourdon. Très émue à l'instant de la bénédiction nuptiale, Grace a prononcé un oui si ténu que les micros environnants n'ont pu l'enregistrer. Et elle ne peut empêcher les larmes de lui monter aux yeux.

Le prince et la princesse, à bord d'une Rolls-Royce décapotable, noir et crème, cadeau de la population monégasque, feront le tour de leurs États... en une vingtaine de minutes. Suivant la coutume provençale, Grace dépose son bouquet de mariée – composé de brins de muguet – sur l'autel de la chapelle Sainte-Dévote, tandis que, dans les jardins Sainte-Barbe, des colombes sont lâchées par milliers.

Un lunch est ensuite servi dans la cour du palais, sous les arches de la galerie d'Hercule, à sept cent cinquante invités triés sur le volet, en habit, gibus, uniformes et robes longues. Grace peut y faire ses adieux à sa famille et à ses amis proches. On déguste du poulet et du saumon, on boit du champagne. Le gâteau nuptial, surmonté d'une couronne, pèse quatre-vingt-dix kilos ! Tradition oblige, Rainier et Grace le découpent avec une épée qu'ils tiennent ensemble.

Puis, dans la soirée, le capitaine Caruso, commandant le *Deo-Juvante II*, lève l'ancre, emportant les deux jeunes mariés vers une destination tenue secrète. Guillaume Hanoteau dessine la carte postale : « Un blanc navire quitte un port paré comme le marchand de ballons des Tuileries pour gagner une haute mer frissonnante d'éclat. Au son de mille sirènes, sous l'azur pâle, la caravelle s'éloigne emportant une blonde princesse et un prince amoureux, Grace Patricia et Rainier de Monaco. »

Mais *Paris Match* brosse aussi l'envers du décor : « Pour Grace et Rainier, la grande semaine de Monaco avait été sept jours d'épreuves harassantes qui devaient les mener, dans l'après-midi du 19 avril, sur le bateau de la lune de miel. Par une mer agitée, devant vingt mille personnes massées sur les quais, ils montaient, à dix-sept heures, la passerelle du *Deo-Juvante II.* » La première escale aurait dû être Portofino, à l'est de Gênes, mais « trois quarts d'heure plus tard, la tempête s'élevait obligeant le yacht princier à gagner Villefranche. À vingt-trois heures, le navire éteignait ses feux. Le lendemain, à neuf heures trente, sur une mer calmée et sous un ciel bleu, il reprenait le départ pour la croisière du bonheur. »

Durant toutes ces représentations officielles, Rainier, surmontant mal son naturel timide, n'a pu cacher son anxiété et sa fatigue. Au mariage civil, le lendemain à la cathédrale, les photographes le surprennent torturant son col, d'un geste nerveux. Au lunch, il ne touche pas à son assiette. « J'étais complètement hébété, avouera-t-il quelque temps après. Tous ces soucis, toute cette tension étaient devenus presque insupportables. »

Des années plus tard, Rainier confirmera ce sentiment de malaise : « Regardant en arrière, la princesse et moi regrettons d'avoir si peu vu notre mariage. Nous étions tellement dans le bain que notre vision fut évidemment réduite, et en fait, nous avons tout beaucoup mieux vu sur les écrans de cinéma après coup. » Et il ajoutera en riant : « Considérant tout cela, nous sommes tombés d'accord que nous aurions dû nous marier quelque part dans une chapelle de campagne ! »

Le prélude à ce mariage de rêve avait commencé deux semaines auparavant. Le 4 avril 1956, Grace et les siens s'embarquent sous une pluie battante et dans le brouillard à bord de l'*USS Constitution*, amarré au quai 84 de Manhattan. À Monaco, un nombre record de dix-huit cent vingt-cinq reporters, photographes ou chroniqueurs attendent fébrilement l'arrivée du paquebot. Un grand nombre de journalistes, de toutes nationalités, font même la traversée sur le *Constitution*. Ils rapporteront les images du « clan Kelly » voguant vers la félicité.

Pendant plusieurs jours, les publications de l'Ancien et du Nouveau Monde rempliront leurs colonnes des moindres détails de ces « noces du siècle ». Seul le *Daily American*, journal romain en langue anglaise, se distinguera par sa concision : « Monte-Carlo, 18 avril – L'actrice américaine Grace Kelly et le prince Rainier III se sont mariés ici aujourd'hui. Personne n'a volé l'anneau de mariage. » Le rédacteur en chef, George E. Hill, interrogé sur la raison d'un tel laconisme, expliquera : « Tout le monde a été tellement rasé par toute cette affaire que c'est tout l'espace que nous jugeons utile de lui consacrer. »

Peu de gens partagent cet avis. La planète se débat alors en pleine guerre froide. La déstalinisation, annoncée en février par Khrouchtchev, n'a pas encore dissipé le spectre d'un holocauste nucléaire et, le 4 novembre 1956, l'URSS va réprimer sans faiblesse la révolte hongroise. Dans cette actualité internationale tendue, le mariage de cet aimable « principicule » ouvre une rare parenthèse de sérénité.

Au matin du 12 avril, le yacht de Rainier, le *Deo-Juvante II* – offert en cadeau de mariage à Grace – s'avance à la rencontre du transatlantique américain. Au large du Rocher, la mer est agitée d'une forte houle. En dépit des conditions atmosphériques exécrables, une passerelle est lancée entre les deux bâtiments. Grace s'y aventure, aidée par Rainier qui la prend par la taille, tandis que trois hélicoptères de la presse filment la scène. Tout autour, une flottille innombrable croise en tous sens, au risque de provoquer une collision.

Selon la coutume, le *Deo-Juvante II* est accueilli dans le port par vingt et un coups de canons, auxquels répondent les sirènes des bateaux, ponctuées par les accents de la Marche nuptiale. Pour compléter ce concert discordant, les marins-pompiers de la principauté lancent vers le ciel gris perle d'immenses gerbes d'eau, tandis que l'hydravion du milliardaire grec Aristote Onassis déverse un déluge d'œillets rouges et blancs sur la foule qui agite avec frénésie des fanions monégasques et américains.

La fiancée et une partie de sa famille sont logées au palais. Jusqu'à la bénédiction religieuse – par souci des convenances –, Rainier passera ses nuits dans sa villa Iberia, au Cap-Ferrat. La pluie continue de tomber sans discontinuer durant trois jours, puis, par intermittence, jusqu'au 18 avril, date du mariage civil.

Entre-temps, plusieurs spectacles sont organisés en l'honneur de Grace. Ainsi, le soir du 16 avril, la SBM – la Société des bains de mer, qui possède le casino de Monte-Carlo – dépense la bagatelle de vingt-deux millions d'anciens francs pour donner un fabuleux gala dans la salle du Sporting.

Tout l'après-midi, un déluge s'est abattu sur la principauté. Les fiancés, qui arrivent avec une heure de retard, s'engouffrent dans l'escalier du night-club, sans laisser aux six cents photographes qui patientaient sous la pluie le temps d'opérer.

« Ceux-ci, énervés par la longue attente et trempés jusqu'aux os, essayèrent de déborder le service d'ordre, qui réagit violemment. Il y eut des cris et des coups de sifflet à l'adresse du couple princier. » Mais *Paris Match*, qui relate les péripéties de cette « soirée noire », est le seul magazine à tirer son épingle du jeu. Son reporter Walter Carone, affublé du bleu de travail d'un électricien, parvient à s'introduire dans la salle, éclairée par deux mille cinq cents bougies. Dissimulé derrière le balcon, il capture Grace et Rainier au téléobjectif.

Entre autres ballets et attractions, une comédienne symbolisant la Méditerranée lit un poème composé pour la circonstance par Jean Cocteau : « Si j'adopte une forme humaine, si je me délègue sous cette forme méconnaissable, si je renonce à mes caprices de fauve, à mes marsouins qui sont un signe de ma joie, à mon mistral qui est une expression de ma colère, c'est en souvenir de ma fille Aphrodite à qui singulièrement ressemble une jeune personne blonde que l'Atlantique me confia pour que je la transporte en triomphe sur mes épaules jusqu'au port de Monte-Carlo.

» Elle a abandonné l'amour de la gloire pour la gloire de l'amour. [...] Que de leur terrasse Vos Altesses Sérénissimes ne m'écoutent plus battre la falaise, sans savoir que je figure les murailles, les remparts, les gardes, les sentinelles, qui protègent leur régime contre les menaces d'un monde au milieu duquel Monaco dresse la dernière oasis de paix et de rêve. »

Exaspéré par un tel excès de flagornerie, Rainier exige moins d'emphase à l'avenir. Il aurait même protesté : « Mais pour qui me prennent-ils ? Pour Louis XIV ? »

La princesse Charlotte, la mère du futur époux, fidèle à sa réputation de non-conformisme, a créé quelque remous en se faisant conduire, depuis son château de Marchais, dans l'Aisne, par un étrange chauffeur. En effet, la police n'a eu aucun mal à reconnaître l'ex-ennemi public numéro un, René Girier, plus connu sous le surnom de René la Canne ! En liberté conditionnelle, le braqueur repenti a été placé sous la surveillance de la princesse, qui exerce les fonctions d'« assistante sociale » auprès de l'administration pénitentiaire de Laon et de Saint-Quentin. « Elle avait un faible pour moi », confiera-t-il des années plus tard.

Le Monde confirme la surprenante information, précisant que le « gentleman cambrioleur et spécialiste de l'évasion [...] vit effectivement depuis le 16 juillet à Marchais, où il dispose à côté du château d'une coquette villa, la Serena. Il y mène une existence paisible en compagnie de sa fille, âgée de quinze ans ».

De la sorte, une demi-douzaine d'anciens détenus sont employés par la mère de Rainier. On soupçonnera – d'ailleurs à tort – l'ancien monte-en-l'air d'avoir trempé dans le vol d'un coffret de bijoux, commis la veille du mariage à l'hôtel de Paris, à Monte-Carlo. « Mais Girier est insoupçonnable, et il a toute la confiance de la princesse Charlotte. Nul ne prend la responsabilité de faire le reproche à celle-ci de l'avoir pris à son service. »

Le 18 avril, à onze heures du matin, la salle du Trône contient avec peine la petite centaine d'invités, triés sur le volet. Les rayons d'un soleil encore hésitant percent à travers les nuages. À onze heures, le majordome François Gasparotti, toutes ses décorations sur la poitrine, en habit noir, tête haute et comptant ses pas, ouvre toutes grandes les portes du salon Vert attenant, pour faire place au cortège. Deux maîtres d'hôtel précèdent le comte d'Aillères, le chambellan du palais.

Puis Grace apparaît, entre son père et sa mère, un peu raides et ébahis par tant de faste. La fiancée est parée d'une robe de dentelle d'Alençon, couleur champagne, avec un turban de mousseline assorti. Elle porte un collier de diamants à triple rang.

Rainier vient ensuite, en jaquette, escorté par le colonel de carabiniers Séverac, son premier aide de camp. L'accompagnent aussi sa mère, la princesse Charlotte, et son père le prince Pierre, qui, bien que divorcés, se sont réunis pour cette circonstance exceptionnelle. La procession s'achève par une petite suite d'altesses, de nobles et d'officiers chamarrés. François Mitterrand, alors garde des Sceaux, représente le président de la République française, René Coty.

Aux murs de la salle du Trône, tendus de rouge, les portraits des princes d'autrefois scrutent leur héritier. Il y a ici Louis II, en général de brigade, Honoré III, gentilhomme à perruque poudré et habit de velours, et dans un autre cadre, la barbiche grise d'Albert Ier, le marin et le savant.

Rainier et Grace s'assoient dans deux imposants fauteuils à la garniture de vieil or, côte à côte, face à la cheminée Renaissance en pierre de La Turbie gravée du blason des Grimaldi. Derrière eux, le trône style Empire, au monogramme de Charles III, est seul sous son baldaquin en velours grenat de Vienne. Au plafond, les fresques d'Orazio Ferrari célèbrent, depuis le XVIIe siècle, le sacrifice d'Alexandre.

Le menu fretin des invités se presse dans le salon des Officiers, la galerie des Bustes et la galerie d'Hercule. On fait silence, on se hausse sur la pointe des pieds. Le président du Conseil d'État, Marcel Portanier, officier d'état civil de la Maison souveraine, se lève et prononce une courte allocution, pour demander au prince l'autorisation de procéder à son propre mariage.

Rainier acquiesce d'un mot et d'un sourire. Quelques articles du code et des statuts de famille sont lus. Les consentements sont échangés. Après le oui de Grace, le président se tourne vers Rainier : « Puis-je demander respectueusement à Votre Altesse Sérénissime si elle veut prendre pour femme et légitime épouse mademoiselle Grace Patricia Kelly ici présente ? » Puis il conclut : « Je déclare Vos Altesses Sérénissimes unies par les liens du mariage. » La cérémonie n'a duré qu'un quart d'heure.

Dehors, la température est hivernale. Un vent humide repousse de lourds cumulus noirs devant le soleil. Stoïque, la foule se masse pourtant sur la place du Palais où l'on a dressé une vingtaine de mâts en haut desquels flottent des oriflammes blanc et rouge, aux armes enluminées et couronnées des Grimaldi. Un immense étendard mauve foncé, timbré des initiales R et G, encadre le balcon princier.

L'après-midi, le prince et son épouse sablent le champagne avec les deux mille cinq cents Monégasques dans les jardins du palais. Jean Couvreur ironise dans les colonnes du *Monde* : « Une prouesse qu'aucun empereur, aucune impératrice, aucune reine et aucun roi ne purent jamais réussir : ils vont simplement recevoir leurs sujets. » À chacun d'entre eux est remise une médaille commémorative, frappée par la Monnaie de Paris, représentant les profils des deux mariés avec leurs initiales entrelacées.

Le soir, derechef, la population est conviée à des jeux et à des séances de cinéma gratuites. Nul ne pourra admirer, cependant, les films de Grace Kelly, désormais prohibés à Monaco. Car il serait inconvenant que l'épouse de Son Altesse Sérénissime soit montrée dans les bras d'autres hommes !

Les distributeurs de la MGM font preuve de moins de tact. En ce même 18 avril, *Le Cygne* sort sur les écrans des États-Unis et de Paris. Les affiches annoncent « l'intime, l'excitante et merveilleuse histoire d'amour d'une princesse ».

Pendant ce temps, un gala somptueux est donné à l'Opéra de Monte-Carlo. Au programme, la musique de Haendel ou de Schubert rivalise avec les étoiles de l'Opéra de Paris et du London Festival Ballet. Grace, dans la loge princière, en robe de bal blanche de chez Lanvin, brodée d'or et incrustée de perles, étincelle de diamants, dans tout l'éclat de ses vingt-six printemps. Avec cependant une ombre de tristesse dans le regard.

« Pour toutes les jeunes filles du monde, suggère Guillaume Hanoteau, le jour du mariage est un jour où l'on se donne en représentation, où il est permis de marcher à la façon des actrices sur la scène, de sourire selon les normes d'Hollywood. À toutes les jeunes filles, sauf à Grace Kelly. »

Après le spectacle, malgré la fraîcheur de la nuit, deux à trois mille irréductibles se retrouvent encore sur le Rocher pour offrir la sérénade à leur belle princesse. Les petits chanteurs alsaciens de Thann mêlent leurs voix à celles des chœurs de l'Opéra de Monte-Carlo. Puis un feu d'artifice est tiré sur le quai Albert-Ier où des fêtards intrépides dansent jusqu'à l'aube, au son d'un orchestre tropical, et malgré les rafales glacées du mistral.

C'est le lendemain, nous l'avons dit, que Rainier et Grace s'uniront devant Dieu. En professionnel, Alfred Hitchcock commente la dernière performance de celle qui avait été l'une des plus brillantes étoiles du cinéma américain. Peut-être un peu jaloux de perdre son interprète préférée, le cinéaste maugrée : « Épouser un prince va dans le sens de la réussite de Grace. Elle a fait cela avec l'aisance d'une trapéziste. Mais je ne sais pas si la plate-forme où elle a atterri ne sera pas trop étroite pour elle. »

Pourtant, Monaco n'était-il pas une scène à la mesure du septième art, un État lilliputien semblant sorti d'un film en technicolor ? Et comme le soulignait justement, dès 1953, le journaliste du *Monde* Jean Couvreur, le palais des Grimaldi, « aux grâces florentines, dallé de marbre blanc, de marbre rose, de marbre vert, habité par des colonels farouches, des chambellans italiens et de jolies dames, [...] paraît un décor tout planté pour Hollywood. »

Quant au prince Rainier, ce mariage de conte de fées – ou de comédie musicale – le faisait entrer de plain-pied dans la légende du XXe siècle.

II

Les Grimaldi, aux vents de l'Histoire

Certes, les ancêtres de Rainier III n'ont pas attendu 1956 et l'arrivée de Grace Kelly pour entrer dans l'Histoire. Quelques auteurs irrévérencieux – à la suite de Sacha Guitry –, ont parfois qualifié Monaco de « principauté d'opérette ». Plus poétique, Alexandre Dumas la comparait à une « charmante orangerie ». À tous, on objectera que les Grimaldi ont eu au moins l'habileté de préserver l'indépendance de leur lambeau de terre, alors que d'orgueilleux empires étaient balayés par les tourmentes et les révolutions. Les assauts, les trahisons, les volte-face et les assassinats tissent la trame de cette lignée sept fois centenaire !

La Côte d'Azur n'a pas toujours été le paradis pour touristes que nous connaissons. Cité ligure, puis phocéenne et romaine, Monaco est, dès l'Antiquité, un havre réputé où l'on rend un culte à Hercule. La légende raconte qu'en 304, une jeune martyre corse, sainte Dévote, dont le corps supplicié avait été placé sur un frêle esquif abandonné au courant, échoua devant la future principauté qui trouva ainsi une pieuse patronne. Chaque année, le 26 janvier, une barque est brûlée à l'entrée du vallon des Gaumates, à la tombée de la nuit, en présence de la famille princière.

Surviennent ensuite les grandes invasions, enfin les Sarrasins, solidement implantés le long de la côte provençale, jusqu'à la fin du Xe siècle. Lorsque les musulmans sont définitivement repoussés et que triomphe la féodalité, le Rocher devient objet de dispute entre le comte de Provence et la république de Gênes. C'est cette dernière qui l'emporte finalement. En 1191, une bulle d'or de l'empereur germanique Henri VI de Hohenstaufen lui en attribue la possession.

Gênes s'empresse, dès 1215, d'édifier des fortifications et un château, à l'emplacement de l'actuel palais princier, position de premier ordre dominant un port excellent. Mais comme le reste de la péninsule italienne, les Génois s'entre-déchirent entre gibelins, partisans de l'empereur, et guelfes, fidèles soutiens du pape. Parmi les principales familles guelfes, on trouve les Grimaldi. Ce sont de puissants notables, enrichis par le commerce maritime. Ils descendent d'un certain Otto Canella, consul en 1133. Son plus jeune fils, Grimaldo, lui aussi consul et ambassadeur, est le fondateur éponyme de la dynastie.

En cette fin du XIIIe siècle, les gibelins tiennent le haut du pavé à Gênes. Les Grimaldi, exilés, trouvent refuge en Provence. Ils cherchent une base où regrouper leurs forces et préparer leur revanche.

Au soir du 8 janvier de l'an de grâce 1297, un petit groupe de frères franciscains frappe à la porte du château de Monaco. La garnison génoise, ensommeillée, sacrifiant aux devoirs de l'hospitalité, ouvre sans méfiance. Les moines pénètrent dans la place et, sortant bientôt des épées de sous leurs frocs, massacrent les trop confiants soldats. Le chef de l'expédition a pour nom François Grimaldi, alias « la Malice » – on comprend pourquoi. Deux franciscains porte-glaives figurent toujours sur le blason princier, en souvenir de cette irruption peu glorieuse des Grimaldi dans l'histoire monégasque.

François maître du Rocher, son oncle Rainier vient occuper le port avec ses galères. Âgé de trente ans, ce premier Rainier avait, dit-on, le visage allongé, les traits réguliers et possédait de beaux yeux sombres. Marin hardi, il était entré très tôt au service du roi Charles II de Naples, qui lui avait confié le commandement de sa flotte des Pouilles. Dès 1301, les Grimaldi doivent abandonner provisoirement Monaco. Nul ne pouvait alors imaginer qu'ils y reviendraient encore et encore, pour s'y maintenir durant des siècles.

Rainier ne reste pourtant pas inactif. L'année suivante, il se met au service du roi de France, Philippe IV le Bel. Promu amiral, il remporte, en 1304, la victoire navale de Zierikzee contre les rebelles flamands. Pour le remercier, Philippe le Bel le gratifie d'une rente annuelle de mille livres. De retour en Italie, Rainier gagne l'amitié du roi Robert, fils et héritier de Charles II. De la sorte, il obtient, en Provence, la seigneurie de Cagnes et la châtellenie royale de Villeneuve, ainsi que la baronnie de San Demetrio, en Calabre. Il ne peut cependant rentrer en possession de Monaco et meurt en 1314.

Charles Ier, le fils de Rainier, récupère son patrimoine en 1330. Ce premier « seigneur de Monaco » – il prend le titre en 1342 – joue habilement sur la rivalité qui oppose Gênes à la Provence. De son règne date la véritable installation des Grimaldi sur le Rocher. Charles Ier achète Menton et Roquebrune. Il accorde des libertés municipales, fortifie le port, impose aux navires de passage un fructueux péage ou « droit de mer ». En 1346, il est à Crécy avec ses arbalétriers, aux côtés de Philippe VI de Valois.

Dix ans plus tard, les fleurs de lys subissent à Poitiers un désastre sans précédent. Dans les rangs de l'armée royale combattent Rainier II Grimaldi – le fils de Charles Ier – et ses quatre mille archers. Gênes profite de ce revers pour attaquer Monaco, qui a perdu la protection française. Au printemps 1357, vingt galères investissent le port. Sur ces entrefaites, Charles Ier meurt. À l'issue d'une résistance farouche, Rainier II se résout à traiter : il rend Monaco contre une indemnité de vingt mille florins.

Il faut attendre 1419 pour que les Grimaldi se voient restituer ce qui est devenu leur patrimoine. C'est aux trois fils de Rainier II – Ambroise, Antoine et Jean – que la reine Yolande d'Aragon rend la co-seigneurie de Monaco. Très vite, Jean s'impose comme le seul maître du Rocher. Véritable condottiere à l'italienne, il s'épuise en intrigues, en alliances et trahisons, dans la plus pure tradition des potentats du Quattrocento. Marié à Pomelline, cousine du doge génois Fregoso, notre Grimaldi lutte d'abord contre Philippe-Marie Visconti, qui occupe Gênes. Il vend ensuite Monaco à son ancien ennemi et guerroie avec lui, contre Venise.

Jean récupère son Rocher en 1435 et part pour Constantinople, afin d'escorter le Basileus au concile de Florence. Retournant à Milan, où son fils Catalan est otage, il est fait prisonnier. Libéré, il doit faire hommage au duc de Savoie, pour Menton et Roquebrune. En 1551, Jean et Pomelline vont à Rome à l'occasion du jubilé du pape Nicolas V. Une sombre affaire de bateau saisi conduit le couple à l'ombre ! Enfin, Jean, trois ans avant de mourir, en

1451, cède une nouvelle fois Monaco au dauphin Louis pour douze mille écus, qui ne seront jamais versés.

Jean disparu, Catalan, sous la sévère férule de sa mère Pomelline, devient seigneur. Mais il trépasse à son tour dès 1457, ne laissant après lui qu'une fille, Claudine. C'est alors qu'intervient une des clauses du testament de Jean, précisant qu'en cas d'absence d'héritier mâle, Monaco pourrait revenir à une fille, à condition que son époux soit un Grimaldi, ou qu'il accepte de prendre le nom et les armes de la famille. Ce codicille définit un mode de dévolution propre à Monaco, qui sera réutilisé par d'autres de ses descendants, et jusque encore au XXe siècle.

Pour l'heure, Claudine, qui n'a que six ans, est sous la régence de sa grand-mère, et déjà fiancée à son cousin Lambert Grimaldi, fils du seigneur d'Antibes. Sans plus attendre, le promis s'installe sur le Rocher, disputant son pouvoir à la redoutable Pomelline. Celle-ci tentera de le faire assassiner et devra, son coup manqué, s'exiler... à Menton. Estimant avoir été sauvé « avec l'aide de Dieu », Lambert adopte la devise qui reste celle des princes, *Deo Juvante*. Le mariage aura enfin lieu en 1465. Claudine a alors quatorze ans et son époux quarante-cinq.

En 1482, Monaco échappe à la suzeraineté génoise et passe sous la protection de la France. Le fils aîné de Claudine et de Lambert, Jean II, accompagne Charles VIII puis Louis XII dans leurs aventures italiennes, menant une politique assez désordonnée. Il revendique une souveraineté absolue pour Monaco, affirmant : « Qui voudra être mon ami, je serai le sien. Autrement je reste chez moi. »

En 1505, une violente dispute s'élève entre Jean II et son frère Lucien. Ce dernier – pour se défendre, dira-t-il – sort sa dague et tue Jean. Fait anodin dans l'Italie de Machiavel et de César Borgia, si proche... D'ailleurs, Lucien peut succéder sans trop de heurt à sa victime. Le nouveau seigneur continue à tenir bon devant les Français, qui reconnaissent l'indépendance monégasque, puis face aux Espagnols. Juste retour des choses, Lucien succombe à son tour, en 1523, au poignard d'un sien neveu, Barthélemy Doria.

Fort du loyalisme de la population, Augustin, évêque de Grasse et dernier fils de Jean II, peut rétablir la situation et gouverner au nom de ses neveux, François et Honoré. Par le traité de Tordesillas, en 1524, Augustin entre dans l'alliance de Charles-Quint. En digne Grimaldi, l'évêque a su placer l'indépendance de son infime seigneurie sous la sauvegarde de l'État dominant. C'est une recette qui se révélera excellente, au-delà de toute espérance. Le protectorat espagnol durera jusqu'en 1641, garantissant au Rocher la paix et une certaine prospérité alors que les Grimaldi renforcent les murailles de ce qui devient « la porte de l'Italie ».

Honoré Ier ne quitte la tutelle de son oncle que pour être soumis à celle d'un lointain parent venu de Gênes, Étienne Grimaldi, surnommé le « Gubernant ». S'appuyant sur une décision de l'assemblée générale des habitants, le Gubernant imposera son autorité sur Monaco jusqu'à sa mort, en 1561. Honoré, craignant les attentats, ne quitte guère son palais que sous bonne escorte, s'adonnant à la lecture, aux exercices physiques et à l'éducation de ses quatorze enfants ! En 1581, il disparaît alors qu'il n'a pas quitté Monaco depuis presque cinquante ans.

Son fils, Charles II, n'a qu'un règne éphémère. Ce colosse brouillon meurt en 1589. Hercule, qui lui succède, est un débauché. Un soir de novembre 1604, cinq maris bafoués l'attendent, embusqués dans la Grand-Rue pour l'expédier ad patres.

La régence de Federico de Valdetare, qui dirige Monaco en nom et place de son neveu Honoré, le fils d'Hercule, accentue davantage la mainmise de Madrid. Pour flatter leur protégé, les Espagnols permettent pourtant à cet Honoré II de se parer du titre de « prince et seigneur, par la grâce de Dieu, de Monaco, Menton et Roquebrune ». Patiemment, le nouveau prince prépare un retournement d'alliances, car la puissance montante est désormais la France. En novembre 1641, il chasse la garnison espagnole.

L'année suivante, Honoré II rencontre Louis XIII près de Perpignan et reçoit de lui le duché-pairie de Valentinois et le marquisat des Baux, toujours attribué depuis lors au successeur direct, le « prince héréditaire ». Une période de rapprochement avec la France de plus d'un siècle et demi commençait en ce jour. L'influence de Versailles, dans le domaine politique et culturel, allait se substituer à celle de l'Escurial. Louis Grimaldi, le petit-fils d'Honoré II, aura pour parrain le jeune roi Louis XIV qui, en cette triste année 1643, signe là l'un de ses premiers actes royaux.

Le palais princier acquiert son aspect actuel dans la seconde moitié du XVIIe siècle, qui est le grand siècle de Monaco. Une cour brillante, évoluant dans un cadre exquis et décoré par les meilleurs artistes français, une population dont les conditions de vie sont embellies par un nombre impressionnant de fêtes chômées, donnent aux années du règne de Louis Ier, de 1662 à 1701, des allures d'Âge d'Or.

Reconnu prince souverain en 1688 par Louis XIV, Louis Ier avait épousé Charlotte de Gramont, fille du prince souverain de Bidache. La jeune fille, que Madame de Sévigné surnomma « le Torrent », ne put jamais s'habituer à la douceur de vivre monégasque. Il lui fallait Versailles. De son côté, Louis, à compte personnel, fait carrière aux armées du roi. Mestre de camp, il commande un régiment, le « Monaco cavalerie », et prend part aux guerres de Dévolution et de Hollande. En 1672, il se sépare définitivement de sa femme qui succombe à une cruelle maladie, six ans après. Son mari lui survit jusqu'en 1701, où un refroidissement l'emporte, tandis qu'il était ambassadeur à Rome.

Antoine Ier, son fils, a vécu pendant quarante ans hors de Monaco à Versailles, ou voyageant en Europe et se battant aux frontières. Il personnifie assez bien l'« homme de qualité », cultivé et séduisant. Il aime l'opéra – conservant pieusement une baguette de Lulli –, mais aussi beaucoup les artistes du beau sexe... Sa vie sentimentale passablement agitée lui laissera de nombreux bâtards. Cependant, de son épouse légitime, Marie de Lorraine, Antoine n'aura que des filles.

En 1706, le prince décide de venir résider à Monaco. Marie n'y tient plus en 1713 et retourne à Versailles. Pour assurer la continuité dynastique, on applique une deuxième fois le testament de Jean Ier. En 1715, Jacques de Goyon-Matignon, rejeton d'une illustre famille normande, épouse la fille aînée d'Antoine, Louise-Hippolyte, et à cet instant, substitue aux siens le nom et les armes des Grimaldi. En 1731, Antoine Ier décède, suivi de sa fille qui est emportée par la variole après onze mois de règne.

Jacques Ier, le mari de la princesse défunte, s'essaie à venir gouverner lui-même la principauté ; mais mal accepté par les Monégasques, il abdique en faveur de son fils Honoré III. En compagnie du petit prince, il vient s'établir à Paris, rue de Varenne, dans l'hôtel Matignon, actuelle résidence du

Premier ministre. Quant à la conduite des affaires du Rocher, il l'abandonne à un fils naturel d'Antoine Ier, « le chevalier Grimaldi ». Ce dernier assumera cette charge jusqu'en 1784. Honoré III avait alors soixante-quatre ans...

En effet, le prince « régnant » préférera mener une classique carrière militaire. Son mariage avec une riche Génoise, Marie-Catherine de Brignole Sale, est un échec. Fatalité des Grimaldi ? En butte aux brutalités de son mari, la princesse finira par le quitter. Elle entretiendra alors une liaison de quarante-huit ans avec le prince de Condé, qu'elle épousera sur le tard.

Mais la tourmente révolutionnaire devait bientôt effacer de la carte l'existence même de la principauté. À Monaco, un souffle revendicatif se fait sentir dès 1790, vite étouffé par les éléments conservateurs. Deux ans plus tard, la Convention occupe Nice et lorgne aussitôt sur ce petit État, honteusement « féodal », qui subsiste à quelques kilomètres de là. Le 14 février 1793, l'annexion est votée sur un rapport de Lazare Carnot.

Pendant la Terreur, Honoré III et son fils aîné sont incarcérés, puis relaxés en Thermidor. Le vieux prince déchu, épuisé par une longue détention, s'éteint peu après. L'héritier du Rocher – *de jure* Honoré IV – souffre de crises nerveuses. Il vivra en reclus, tandis que son frère Joseph et son fils Honoré – nommé Grand Écuyer de l'impératrice Joséphine et baron d'Empire –, se mettront au service de Napoléon.

Intégré au nouveau département des Alpes-Maritimes, Monaco – rebaptisé « Port-Hercule » – ne recouvrera son indépendance qu'après la chute de l'Empire. En 1814, au premier traité de Paris, la principauté est replacée sous le protectorat français. À l'issue des Cent Jours, on lui impose celui de l'État sarde. Honoré V, qui devient prince en 1819, tente de jouer les despotes éclairés. Il nomme toute l'administration et légifère par ordonnances. Un dirigisme économique maladroit achève de ruiner la richesse du pays, minée par la domination piémontaise.

Florestan, le frère d'Honoré V, monte sur le trône en 1841. Il n'a pas été élevé pour régner. Sa situation de cadet, choyé par sa mère, la duchesse de Mazarin, lui a permis de se consacrer à l'étude des belles lettres. Ne dit-on pas même qu'il se serait produit sur la scène d'un théâtre ? Il a épousé par amour une roturière, Caroline Gibert, qui aurait été danseuse. La nouvelle princesse est une maîtresse femme, et elle a de l'esprit de décision pour deux.

Malgré son attachement au « droit divin », Florestan est contraint d'octroyer une charte en 1848. Celle-ci prévoit l'élection d'une chambre et la réduction des tarifs douaniers. Avec la bénédiction du roi de Sardaigne, Menton et Roquebrune commencent à secouer la tutelle monégasque.

La situation reste pourtant stationnaire jusqu'à l'avènement de Charles III, en 1856. Le Risorgimento italien a pour effet annexe de donner Nice à la France. Par un accord entre Napoléon III et Cavour, Menton et Roquebrune sont soustraits à la tutelle monégasque. Charles III proteste énergiquement. Paris lui accorde une substantielle indemnité de quatre milliards de francs.

Cela est loin d'être suffisant. La principauté, limitée au Rocher et ses abords immédiats se trouve réduite à l/16e de sa superficie, et 1/7e de sa population. Sa ressource principale, les citrons de Menton, est désormais de l'autre côté de la frontière. Par contre, la France reconnaît à cette peau de chagrin une totale souveraineté. Charles III, un bel homme à la moustache impériale, intelligent et courageux, va bien vite trouver une source inépuisable de revenus qui fera de Monaco l'un de ces lieux de rêve pour célébrités, aristocrates fortunés et milliardaires que l'on connaît.

Par contrat passé le 31 mars 1863, François Blanc, un habile financier qui a déjà fait prospérer le casino allemand de Hombourg, fonde la Société des bains de mer. Il organise ainsi les jeux de hasard à Monaco, profitant de ce que la législation française les interdit sur son territoire. La création de Monte-Carlo en 1866, suivie de peu par l'arrivée du chemin de fer, achève de faire de la principauté un coin à la mode, du dernier chic. C'est donc l'âme en paix que Charles III peut quitter cette terre, en 1889. Monaco, qu'il avait trouvé exsangue, s'est dotée de tous les attributs d'un État libre et florissant. Son avenir est des plus prometteurs.

De fait, le règne de son fils, Albert Ier, tout entier consacré à la science et au service de l'homme, ne présentera pas de crises majeures. Le nouveau prince, qui a dépassé la quarantaine lors son avènement, a déjà derrière lui une carrière de marin. Comme beaucoup de ses ancêtres, son mariage, avec une petite cousine de Napoléon III, lady Mary Victoria Douglas-Hamilton, se solde par une rupture. Un fils, Louis, naît tout de même de cette union. Pendant la guerre de 1870, Albert, suivant la tradition des Grimaldi, s'est engagé dans la marine française, où il a mérité la croix de la Légion d'honneur. Passionné par l'océanographie, le prince fera construire le célèbre musée consacré à cette science, qui deviendra bientôt un centre de rencontre pour les savants du monde entier.

En 1889, Albert épouse en secondes noces Alice Heine, qui épaulera activement son mari dans toutes les activités artistiques de la principauté. Homme des grands espaces, Albert Ier est un défenseur de la paix. Il tente de la préserver en favorisant le rapprochement franco-allemand. Hélas, c'est impuissant qu'il assistera à la grande boucherie de 1914-18. Mélancolique et désabusé, Albert Ier s'éteint à Paris, quatre ans après la fin de cette guerre qu'il n'a su prévenir.

Sous la plume de Louis de Meurville, *Le Gaulois* du mardi 27 juin 1922 annonce : « C'est hier soir, à cinq heures, que SAS le prince de Monaco a rendu le dernier soupir, à la clinique de la rue Bizet. La nouvelle en a rapidement couru Paris et a suscité d'unanimes regrets. La France perd en lui un ami fidèle et dévoué, la science, un savant dont les découvertes océanographiques compteront parmi les belles œuvres scientifiques du dernier siècle. [...]

» Auprès de lui se tenaient dans les larmes SAS la duchesse de Valentinois et son mari, le duc de Valentinois, Pierre Grimaldi, antérieurement à son mariage comte de Polignac. Le fils unique du prince Albert, SAS le prince Louis, colonel d'état-major français, rappelé en Haute-Silésie mercredi dernier auprès du général Le Rond, aura la douleur de n'avoir pu assister aux derniers moments de son père. Le gouvernement lui a télégraphié la triste nouvelle, l'invitant à revenir aussitôt. [...]

» Le prince Louis a le cœur vraiment français et il a constamment servi la France, notamment pendant la guerre, avec un dévouement absolu. Maintenant colonel d'état-major, il était destiné à devenir bientôt général. »

III

Méandres dynastiques

Albert Ier fut un marin, un savant épris de pacifisme. Son fils unique Louis II est un soldat. Lorsque celui-ci naît à Baden-Baden, en 1870, au palais de son arrière-grand-mère, la grande-duchesse Stéphanie de Bade, nièce de Joséphine de Beauharnais et fille adoptive de Napoléon Ier, l'illustre bisaïeule est morte depuis dix ans. Louis passe une partie de son enfance auprès de sa mère, à Baden, mais aussi à Sigmaringen et à Vienne. Il gardera de cette période une tournure d'esprit germanique et une pointe d'accent allemand.

On le décrit alors comme un enfant facile et doux, qui deviendra un adulte volontaire et obstiné. À l'âge de douze ans, alors que Marie-Victoire Douglas-Hamilton, sa mère, s'est remariée avec Tassilo Festetics de Tolna, le futur prince régnant entre au collège Stanislas à Paris, puis au lycée Louis-le-Grand. Assez peu doué pour les activités livresques, Louis excelle surtout en escrime et en équitation.

En 1889, la disparition de son grand-père Charles III, fait de son père le prince souverain Albert Ier, et de lui-même le nouveau prince héréditaire de Monaco. Et comme il est nécessaire qu'il ait son baccalauréat, il suit les cours de l'école Corneille, un établissement parisien où la préparation est plus intensive.

Cependant, Louis n'a nulle envie de poursuivre des études supérieures. Sa vocation militaire est déjà bien affirmée. Albert Ier, qui n'a jamais eu un tempérament guerrier, suggère à son fils d'aller servir en Suède, nation neutre où règnent les Bernadotte, descendants du grand-oncle Eugène de Beauharnais.

Le 6 mai 1890, Louis décline cette proposition : « Eh bien, cher papa, je ne peux pas me décider à m'expatrier ainsi au loin pendant deux ans dans un pays étranger, sympathique il est vrai, mais dont je ne connais pas la langue et où je me sentirais absolument dépaysé, perdu et malheureux, je le sens d'avance. Et voilà trop longtemps que j'habite en France sans en sortir, si ce n'est pendant les deux mois de vacances, pour pouvoir m'en aller ainsi.

» Je me suis tant attaché au pays et à tout ce qui est français, j'ai fait une bonne partie de mon éducation en France et je désire continuer à y rester. [...] Mon désir et mon rêve actuels sont d'entrer à l'école militaire de Saint-Cyr, au titre d'étranger, s'il y a moyen. » Dans une autre lettre, du 11 mai, Louis confirme : « Servir la France est mon unique but et je n'en démordrai pas. »

Le jeune prince est donc admis à Saint-Cyr. Là, son statut d'héritier du trône monégasque n'entraîne pour lui aucune faveur. La discipline est stricte, et Louis se plaint surtout du manque de permissions. Lorsque sa mère séjourne à Paris, il lui faut une autorisation du ministre de la Guerre, contresignée par le prince Albert, pour obtenir le droit de passer quelques jours chez elle.

Après deux années à Saint-Cyr, le sous-lieutenant Louis Grimaldi est autorisé à s'engager au 1er régiment de la Légion étrangère. En octobre 1893, il est détaché au 2e Chasseurs d'Afrique, stationné en Algérie. En garnison à Tlemcen, Louis loue une maison mauresque de cinq pièces, avec terrasse, jardin et écurie. La ville n'est alors essentiellement peuplée que d'indigènes et de « Soudanais » – venus de l'actuel Mali.

Il y a quelques boutiques, de rares cafés et une pharmacie. Le 18 novembre 1893, dans une lettre à son père, le prince exprime sa satisfaction : « La ville de Tlemcen est morne et triste, mais je suis quand même content d'y être. [...] J'aime trop mon métier. [...] Le colonel m'a fait une grande joie : il me considère absolument comme n'importe lequel de ses subordonnés et m'a donné un peloton entier de recrues à instruire. »

À cette époque, le Sud-Oranais, aux portes du Sahara, est en perpétuelle effervescence. Les « colonnes volantes » de l'armée française n'en finissent pas de parachever la conquête entreprise un demi-siècle plus tôt par le général Bugeaud. Louis est envoyé un moment dans la région d'Aïn-Sefra, un territoire infesté de musulmans rebelles à la colonisation « chrétienne ».

Le temps d'un stage de perfectionnement à l'école de cavalerie de Saumur, et le prince retourne en Algérie, cette fois au 3e Chasseurs, à Constantine. Cet officier d'élite est doué du sens de l'autorité et de la discipline. Sa simplicité de bon aloi, alliée à une haute taille et à une allure aristocratique, le font distinguer par ses chefs.

Le général commandant le 19e Corps d'armée, qui le commande, souligne son « caractère droit et énergique ». Et il ajoute : « Chacun regrette que le lieutenant-prince

Louis de Monaco n'appartienne pas de fait à l'armée française, comme tout dans sa manière d'être fait penser qu'il lui est attaché par le cœur. »

En vérité, le cœur de Louis ne bat pas que devant le drapeau tricolore. Il s'éprend d'une certaine Marie-Juliette Louvet. Elle a été hôtesse dans un cabaret parisien. À trente ans, elle est déjà divorcée d'un photographe de charme montmartrois, Achille Delmaet, à qui elle a donné deux enfants. Ainsi voit le jour, le 30 septembre 1898, à sept heures du matin, 3 rue Flatters à Constantine, une jolie brunette prénommée Charlotte-Louise-Juliette, « de Louis-Honoré-Charles-Antoine Grimaldi, prince de Monaco, lieutenant au 3e régiment de Chasseurs d'Afrique, chevalier de la Légion d'honneur, et de Marie-Juliette Louvet, vingt-huit ans, sans profession ». L'acte est dressé le lendemain, « sur présentation de l'enfant et déclaration faite par le dit sieur qui déclare se reconnaître le père ».

Pourtant, cette aventure sentimentale s'arrêtera là. S'il prend soin de l'éducation de sa fille, Louis ne semble pas être resté en relation avec Marie-Juliette Louvet. Celle-ci attendra d'ailleurs le 9 mars 1905 pour reconnaître officiellement sa fille. Elle-même s'éteindra dans l'anonymat et l'apparente indifférence de la famille princière, le 24 septembre 1930, à Paris.

Dès 1899, afin de mieux se consacrer à son apprentissage de futur prince régnant, Louis quitte l'uniforme, avec le grade de lieutenant, la Légion d'honneur à titre militaire, et la Médaille coloniale. L'expérience des hommes qu'il a acquise en Afrique du Nord s'avérera d'un précieux secours dans son rôle de souverain. Durant l'été de 1914, Albert Ier croise au large des Açores quand éclate la Première Guerre mondiale. Il rentre d'urgence à Monaco, car son équipage, entièrement français, doit répondre à l'ordre de mobilisation. Le 10 août, le prince reçoit une lettre de son fils, postée à Biarritz : « Mon cher père. À l'heure où la France traverse une crise effroyable et où chacun essaie de se rendre utile ou de prouver son attachement à sa patrie ou à sa seconde patrie, j'estime qu'il serait peu digne de ma part, en qualité d'ancien saint-cyrien, d'ancien saumurien et d'ex-stagiaire dans deux régiments français, de rester inactif.

» Je désirerais donc vivement assister aux opérations qui se déroulent vers le Rhin, soit dans l'état-major du généralissime Joffre, soit dans celui d'un commandant de corps d'armée d'avant-garde. Je suis certain que ma nouvelle présence passagère sous les drapeaux français ne pourra que resserrer les liens d'amitié et de bon voisinage qui unissent notre cher petit pays à la France.

» Je viens donc vous demander de bien vouloir faire la démarche nécessaire et, une fois ma chère fillette conduite par moi à l'abri à Monaco, je pourrai partir. Je n'oublie pas non plus que mon père s'est vaillamment conduit il y a quarante-quatre ans dans les mêmes circonstances et je tiens à faire comme lui. Je vous embrasse avec toute ma profonde affection. »

Dès le 19 août, le capitaine de cavalerie Louis de Monaco est attaché à l'état-major de la Ve Armée, sous les ordres du général Franchet d'Esperey. En septembre, il assiste à la victoire de la Marne. Louis est à Reims quand les troupes du général von Bülow bombardent la ville. Les premiers obus tombent sur le quartier général où il se trouve, tandis que la cathédrale s'embrase.

Dès les premières semaines de la guerre, le domaine champenois de Marchais, propriété des Grimaldi, près de Laon, se trouve à l'intérieur des lignes allemandes, à une quinzaine de kilomètres seulement de la zone des combats. Louis craint pour le manoir familial et pour la sécurité des habitants du village de Liesse, tout proche. Mais, grâce au rapport d'un aviateur, il peut rassurer à demi son père, le 10 octobre 1914 : « Le château est intact extérieurement, mais je crains, hélas, que l'intérieur ne soit pillé. »

En tant qu'officier de liaison, le prince effectuera plusieurs opérations aux avant-postes. Son courage et son dévouement sans faille lui méritent une citation, le 1er novembre 1915, pour les motifs suivants : « Engagé volontaire pour la durée de la guerre et attaché à l'état-major d'une armée, a fait preuve de beaucoup d'activité et de la plus intelligente initiative dans ses fonctions d'officier de liaison. S'est fait remarquer au front par son audace et son sang-froid au cours de diverses reconnaissances qu'il a exécutées sur le front. » En décembre, il reçoit la Croix de guerre avec palmes.

Le 28 octobre 1916, Louis est nommé chef d'escadron. On le retrouve encore sur le front l'année suivante, dans le secteur périlleux de Craonne et au Chemin des Dames. En 1918, le roi des Belges Albert Ier lui décerne en personne la Croix de guerre de son pays. Au mois d'octobre, alors que l'armistice n'est plus qu'une question de jours, l'Aisne est libérée. Louis se précipite pour constater l'ampleur des déprédations.

Son premier « rapport » à son père est accablant : « Un très court mot pour vous dire que je suis arrivé un des premiers à Marchais pendant que l'on se battait dans les rues de Liesse et de Bénicourt. Le château est intact mais vide, l'aspect du domaine est navrant. » Le lendemain, le prince donne des détails : « Ce qu'ils n'ont pu emporter a été brûlé, comme par exemple tous mes souvenirs d'enfance empilés dans les placards, qui ont formé un immense brasier. [...] Vous savez combien je tiens à cette superbe résidence si pleine de souvenirs d'enfance. »

Jusqu'à la dernière minute, les Allemands résistent à la pression croissante des alliés. Le 5 novembre, Louis participe à une prise d'armes à Neufchâteau, au confluent de la Meuse et du Mouzon. Il est cité à l'ordre d'un des Corps d'armée transalpins, et reçoit la Croix de guerre italienne. Le général Guillaumat résumera en une phrase, l'activité du prince au cours de cet interminable conflit : « Du premier au dernier jour des opérations, il n'avait cessé de faire preuve des mêmes qualités de courage et de dévouement à la France. »

Toutefois, une dernière citation, en avril 1919, rendra davantage encore justice à sa valeur : « M. de Monaco, chef d'escadron à l'état-major d'une armée, officier vigoureux, qui a fait preuve, le 16 avril 1917, au Chemin des Dames et les jours suivants, de l'activité la plus intelligente. Officier de liaison de l'armée auprès des divisions engagées, a parcouru maintes fois, sans le moindre souci du danger, les terrains les plus violemment battus par le feu de l'adversaire, allant chercher sur place les renseignements nécessaires au commandement, et portant partout sa bonne humeur réconfortante, son calme que rien n'émeut, sa foi inébranlable dans le succès. »

Après la paix, Louis n'a pu se résoudre à revenir à la vie civile. Aussi accepte-t-il en janvier 1919, avec le grade de lieutenant-colonel, un poste au bureau des renseignements du gouverneur militaire de Metz, le général de Maud'huy. En 1920, il se voit confier plusieurs missions de confiance, en Haute-Silésie et en Tchécoslovaquie, où les populations allemandes contestent les nouvelles frontières issues du traité de Versailles. Son comportement, en ces circonstances difficiles, lui vaudra une nouvelle Croix de guerre avec Étoile d'or des théâtres des opérations extérieures, décernée le 30 janvier 1923. Sa dernière citation précise qu'il « a été particulièrement exposé aux rancunes des militants allemands. À plusieurs reprises, se trouvant isolé au milieu des manifestants hostiles, il les a forcés au respect par la fermeté et la vigueur de son attitude ».

Entre-temps, les récompenses n'ont cessé de pleuvoir sur le prince Louis. Le 5 avril 1920, le président Paul Deschanel lui a décerné, à la préfecture de Nice, la plaque de grand-officier de la Légion d'honneur. Colonel le 3 décembre 1921, il est grand-croix deux ans plus tard. Son avènement, le 26 juin 1922, mettra un terme définitif à sa carrière militaire. Il est promu alors général de brigade du cadre de réserve français.

Cependant, le traité d'amitié franco-monégasque du 17 juillet 1918 oblige à régler clairement le problème de la succession dynastique. Jusqu'alors, l'héritier putatif du trône était, après Louis, son cousin Guillaume de Wurtemberg, deuxième duc d'Urach, fils de Florestine – la sœur de Charles III.

Or, il n'est pas question pour la France victorieuse de l'Allemagne qu'un prince d'outre-Rhin vienne régner sur les bords de la Méditerranée. L'article 2 du traité, sanctionné par les puissances réunies à Versailles, ne manque pas de stipuler que la succession, « soit par l'effet d'un mariage, d'une adoption ou autrement, ne pourra être dévolue qu'à une personne de nationalité française ou monégasque, et agréée par le gouvernement français ». Tandis que l'article suivant laisse planer la menace d'une annexion : « En cas de vacance de la Couronne, notamment faute d'héritier direct ou adoptif, le territoire monégasque formera, sous la protection de la France, un État autonome sous le nom d'État de Monaco. »

Une première étape en vue d'évincer Guillaume de Wurtemberg avait d'ores et déjà été franchie le 15 novembre 1911. Albert Ier avait approuvé et confirmé la reconnaissance que Louis avait faite de sa fille devant l'officier d'état civil de Constantine, treize ans auparavant. Sous les acclamations de la population rassemblée dans la cour du palais, Charlotte Louvet devient alors « Mademoiselle de Valentinois ».

L'article 3 de l'ordonnance souveraine précise : « Dans le cas où notre fils bien aimé, le prince héréditaire Louis, viendrait à décéder sans enfant né en légitime mariage, Mademoiselle de Valentinois est habilitée à lui succéder dans tous ses droits, titres et prérogatives. » En effet, l'article 2 des statuts de la famille souveraine de Monaco, promulgués par Charles III, le 15 mai 1882, prévoyait que « si le prince régnant n'a pas de descendant ou de parent habile à lui succéder, il peut adopter un enfant étranger à la famille souveraine ».

Au début de la guerre, Charlotte quitte son pensionnat religieux, pour s'installer dans les appartements de son père au palais princier. Elle a seize ans et, tandis que le prince Louis se bat sur le front, Charlotte fait preuve à l'arrière d'une parfaite abnégation. Elle s'engage dans la Croix-Rouge. Trente mille blessés vont transiter par la principauté, durant les quatre années du conflit.

Partout présente dans les hôpitaux de fortune installés au palais ou dans les hôtels de Monte-Carlo, la jeune fille se met au service des malades. Aux convalescents, elle lit

Alexandre Dumas ou la Bible. Elle les aide à rédiger leur courrier. Elle console les agonisants. Elle organise aussi un ouvroir où les réfugiés confectionnent des vêtements chauds pour les soldats.

Par son dévouement, Charlotte a conquis les Monégasques. Aussi, le 1er juillet 1918, les conseillers nationaux, « préoccupés de la situation juridique de Mademoiselle Charlotte de Valentinois et craignant que l'ordonnance l'habilitant à succéder au trône de Monaco ne soit pas pleinement efficace », tiennent-ils à exprimer respectueusement leurs inquiétudes au prince Albert Ier. Celui-ci écoute l'avis de ses sujets. Dès le 30 octobre 1918, les règles successorales sont précisées de sorte que les droits de Charlotte ne puissent plus être contestés. L'article 2 de la nouvelle ordonnance précise : « Le prince régnant, s'il n'a pas de descendants, et le prince héréditaire, s'il se trouve dans le même cas et s'il est autorisé par le prince régnant, peuvent adopter un enfant faisant partie de la famille souveraine ou même lui étant étranger. [...] L'enfant adoptif succède de plein droit à tous les droits, titres et prérogatives du prince qui l'a adopté et, spécialement, à ses droits à la Couronne. »

Afin de couper court, de manière inattaquable, à toute controverse, le prince Louis adopte officiellement sa fille naturelle le 16 mai 1919, à la légation de Paris, en présence du président de la République française, Raymond Poincaré, et du ministre des Affaires étrangères, Stéphen Pichon. Le 20 mai, Charlotte est titrée, par ordonnance princière, duchesse de Valentinois. Elle devient, le 1er août 1922, princesse héréditaire de Monaco.

Après tout cela, le pauvre duc d'Urach doit renoncer définitivement au trône monégasque. Par courtoisie, Albert Ier lui a adressé une lettre cordiale : « Tu m'avais demandé, écrit le prince, de te fournir des précisions sur l'acte que j'ai accompli en reconnaissant pour ma petite-fille, celle qui l'était déjà par le sang, et lorsque je lui ai donné une position que la "Comédie humaine" lui refusait... »

Néanmoins, Guillaume de Wurtemberg ne se contente pas vraiment de cette explication. Certes, il ne méconnaît pas que sa qualité de prince allemand, ancien féal du kaiser Guillaume II, lui interdit désormais d'espérer s'asseoir un jour sur le trône monégasque. Mais au lieu de reconnaître lui aussi Charlotte, il transmet ses prétentions à la succession à un descendant français du prince Joseph, frère d'Honoré IV, Léonor-Alfred Aynard Fortuné Guigues de Moreton, comte de Chabrillan. Le 4 octobre 1924, il lui écrira de Ravenne : « Mon cousin, le fait regrettable et de tout temps sincèrement déploré par nous tous que notre cousin commun, le prince Louis de Monaco, n'ait jamais voulu se marier, ouvre la douloureuse perspective de l'extinction complète, dans un avenir plus ou moins éloigné, de la ligne mâle de la famille de Monaco.

» Ma qualité, universellement reconnue, d'héritier légitime le plus proche impose à ma conscience le devoir le plus sacré de faire tout ce qui est humainement possible et de prendre, en temps utile, toutes les mesures pour écarter le danger, malheureusement imminent après la mort du prince Louis, d'une succession illégitime qui violerait, d'une manière flagrante et scandaleuse, les principes imprescriptibles du droit et de l'honneur.

» N'ayant qu'un seul et unique souci, celui de maintenir intact l'honneur de la famille souveraine de Monaco, et me rendant parfaitement compte que seule une succession française est possible à Monaco, je renonce en votre faveur, mon cousin, qui êtes, après moi et les miens, le plus proche héritier légitime des branches féminines des Grimaldi, de tout temps appelées à succéder dans la souveraineté des Monaco, et en faveur de votre descendance légitime mâle et féminine, à tous nos droits à la succession dans la principauté de Monaco, c'est-à-dire que je vous cède le pas, me réservant d'ailleurs, comme par le passé, après vous et les vôtres, ma qualité officiellement reconnue de membre de la famille princière de Monaco. Je fais cette renonciation également au nom de mes enfants mineurs : Albert, Ewerard et Mahaut, et je joins à cet acte les renonciations de mes enfants majeurs, ainsi que celle de mon frère Charles. »

Quelques années plus tard, le comte de Chabrillan consultera maître Paul Boncour, « au sujet des prétentions qu'il peut éventuellement faire valoir aux droits dynastiques sur la principauté de Monaco ». Le célèbre avocat condamnera sans appel l'adoption par le prince Louis d'une fille naturelle : « N'était-ce pas le renversement de toutes les notions traditionnelles qui avaient réglé jusqu'alors les dévolutions dynastiques au sein de la principauté de Monaco, comme dans les autres maisons régnantes ? N'était-ce pas, au mépris des principes les plus certains du droit monarchique, [...] la consécration d'une lignée bâtarde ? Or, on sait avec quelle sévérité jalouse les bâtards ont toujours été exclus de la transmission des titres, des biens et des prérogatives attachées au nom. »

En 1949, lors de l'avènement de Rainier III, le comte de Chabrillan émettra d'ailleurs une protestation qui, à vrai dire, ne rencontrera guère d'écho. À l'heure actuelle, l'héritier « légitime » du trône monégasque serait le comte Xavier de Caumont-La-Force, né en 1963... qui ne revendique rien. En revanche, l'un de ses neveux, le publicitaire Louis de Causans, a récemment publié un livre pamphlet proclamant les droits de sa famille, intitulé *Monaco, les vrais Grimaldi*. Le duc d'Urach, quant à lui, se fera une sorte de spécialité des sceptres manqués. Le 11 juillet 1918, il se voit en effet offrir le trône de Lituanie. Mais cette fois-là, c'est lui qui refuse de s'y asseoir. Après quoi les Lituaniens proclameront la République.

IV

Un petit prince solitaire

Sans perdre de temps, Charlotte, âgée de vingt et un ans, est mariée au comte Pierre de Polignac, le 19 mars 1920, à Monaco. Comme Jacques de Goyon-Matignon au XVIIIe siècle – et conformément aux clauses bien plus anciennes du testament du seigneur Jean Grimaldi –, l'époux de la duchesse de Valentinois doit renoncer à son nom et à ses armes, et prendre ceux des Grimaldi, « sans ne rien y pouvoir ajouter ni retrancher ».

Depuis Rainier III, les Grimaldi constituent donc une branche de la Maison de Polignac. Cette dernière tire son nom d'une vieille forteresse édifiée dans le Velay, sur une grande et vaste roche, consacrée dans l'Antiquité au culte d'Apollon. L'ancêtre le plus lointain de la famille serait le frère de Sidoine Apollinaire, gendre de l'empereur romain Avitus, qui devint évêque de Clermont en l'an 472. Mais le premier Polignac historiquement attesté est le vicomte Armand Ier, qui vivait vers 860.

Cette lignée, qui gouvernait souverainement la région du Puy dès le Haut Moyen Âge, figure ainsi parmi les plus anciennes de France. Héracle II de Polignac, porte-étendard de la Sainte Église, tombe héroïquement à Antioche lors de la première croisade. En 1349, Guillaume II, baron de Chalençon, épouse sa cousine Valpurge, sœur et héritière d'Armand IX, vicomte de Polignac et compagnon d'armes de Duguesclin. Aussi est-il autorisé à relever les noms, titres et armes des Polignac.

Le 17 juillet 1533, le jeune vicomte Armand XVI reçoit somptueusement François Ier dans son château. Pour le remercier, le souverain confirme à son hôte cette pittoresque appellation de « roi des montagnes », dont l'origine se perd dans la nuit des temps. Au siècle suivant, Melchior cardinal de Polignac fait une brillante carrière diplomatique. Il est élu à l'Académie française au fauteuil de Bossuet.

Son neveu, Armand XXI, épouse en 1738 Diane de Mancini, descendante d'un neveu du cardinal Mazarin. Plus épris de la fierté de sa race que des vanités de la cour, il dédaigne le titre de marquis, décerné jadis par Catherine de Médicis, pour se contenter de celui de vicomte qu'il tient de ses ancêtres.

Par le jeu des successions, son fils, Armand XXII, sera marquis de Mancini, baron-prince de Fenestrange, marquis de Chalençon, comte de Rochesavine. En 1780 et 1783, Louis XVI le crée duc de Polignac. La Restauration lui confère la duché pairie héréditaire. Auparavant, son épouse, Yolande de Polastron, première duchesse de Polignac, avait été la désastreuse amie de Marie-Antoinette. Son deuxième fils, le comte Jules de Polignac, titré prince par le pape et le roi de Bavière, sera le dernier président du Conseil de la Restauration. Ministre assez malchanceux, il provoquera la chute de Charles X en signant les ordonnances de 1830.

En dépit des changements de régimes, les Polignac ne cesseront pas de servir la France. Tout au long des XIXe et XXe siècles, l'immémoriale lignée fournit encore nombre de parlementaires, d'officiers ou de chefs d'entreprise.

Le comte Pierre de Polignac, qui devient l'époux de Charlotte Grimaldi, appartient à la seconde branche, issue d'un fils cadet du premier duc. Passablement désargenté, orphelin, il a amorcé une carrière de diplomate, qui, à vingt-cinq ans, lui a déjà fait occuper un poste à Pékin. Bien des années plus tard, son neveu, le prince Guy de Polignac, se souviendra : « Mon oncle Pierre avait dix ans de plus que moi. Il avait perdu sa mère jeune et il était venu habiter chez nous à Paris, pour terminer ses études. Charlotte était une amie de maman et de ma tante Constance de Polignac, qui lui présenta Pierre. Ils se sont mariés. La famille a accepté qu'il prenne le nom de Grimaldi, à condition qu'il reste aussi comte de Polignac. »

La veille de la célébration de son mariage religieux, le comte Pierre de Polignac devient Son Altesse Sérénissime le prince Pierre Grimaldi de Monaco. Pour le prince Albert Ier, qui donne sa bénédiction à cette union prestigieuse, une telle transfusion de sang illustre paraît indispensable pour redorer le blason des Grimaldi, quelque peu terni par l'ascendance Louvet.

Mais, très vite, Charlotte s'apercevra qu'elle ne partage pas grand-chose avec ce jeune homme d'une politesse et d'une élégance surannées. Certes, Pierre ne manque pas d'un certain charme, avec ses yeux bleus et sa fine moustache. Mais, aristocrate jusqu'au bout des ongles, il a du mal à comprendre sa jeune femme, si pleine de naturel et d'indiscipline. Celle-ci aurait même confié : « Il lui faut une couronne sur la tête pour faire l'amour ! »

Il n'empêche que, neuf mois et dix jours après sa nuit de noces, le 28 décembre 1920, à Paris, Charlotte accouche d'une fille prénommée Antoinette-Louise-Alberte-Suzanne. Ses parents auraient sans doute préféré un prince héritier, mais la venue au monde de cette enfant éloigne de la principauté le risque d'une annexion par la France.

Au reste, deux ans et demi plus tard, le 31 mai 1923, la naissance d'un garçon vient renouer la chaîne des temps. Afin sans doute de symboliser cette résurrection de la dynastie monégasque, le bébé est baptisé Rainier, comme son très lointain ancêtre, le premier Grimaldi à s'être rendu maître du Rocher, à l'extrême fin du XIIIe siècle. Ses autres prénoms sont Louis Henri Maxence Bertrand. Il est le seul prince né au palais depuis Honoré IV en 1758.

Quelques mois avant la naissance de Rainier, son bisaïeul Albert Ier s'est éteint, le 26 juin 1922. L'entre-deux-guerres s'annonce une période de douloureuse évolution pour Monaco. Les empires européens se sont effondrés. Les archiducs, les grands-ducs et leur extravagance cèdent la place à une clientèle plus roturière, moins fastueuse. Les milliardaires d'outre-Atlantique, les stars du cinéma et toute une faune interlope de bootleggers et de maffiosi tiennent désormais le haut du pavé.

Selon le joli mot du romancier britannique, habitué de la Côte d'Azur, Somerset Maugham, Monaco devient alors un « pays de lumière pour personnages ténébreux ». En 1933, la légalisation de la roulette en France, puis en Italie, portera un coup au casino de Monte-Carlo, concurrencé par ses voisins de Nice ou de San-Remo. Face aussi à la crise mondiale, la Société des bains de mer doit envisager de nouvelles sources de revenus, comme l'ouverture de magasins de souvenirs. Cependant, les redevances de la SBM, qui représentaient quatre-vingt-quinze pour cent des revenus du Trésor monégasque en 1887, tombent à trente pour cent en 1936.

Dans le domaine culturel, Monaco conserve toutefois un rayonnement indéniable. Le prince Pierre est un homme d'un grand raffinement intellectuel. Il cultive l'amitié du poète Paul Valéry, de la romancière Colette ou de la pianiste Nadia Boulanger. Dès 1924, il fonde à Monaco une société de conférences.

C'est également sous son heureuse influence que les Ballets russes de Serge Diaghilev, chassés de leur pays par la révolution d'Octobre, s'installent à demeure au théâtre Garnier. Enfin, sur un registre plus mécanique – en plus du fameux rallye, qui, depuis 1911, s'est donné Monte-Carlo pour arrivée –, un grand prix automobile, dont le circuit de trois kilomètres et trois cent vingt-huit mètres est tracé dans les rues mêmes de la ville, contribue, à partir de 1929, à dynamiser l'image de la principauté.

À dire vrai, Louis II, qui a défendu la France avec une ardeur nonpareille, s'intéresse d'assez loin à sa petite patrie. Il n'y séjourne qu'un trimestre par an.

« Nous ne venions à Monaco qu'environ trois mois dans l'année, se souviendra Rainier. C'était généralement au printemps, aux alentours de Pâques, quand le temps était beau. J'aimais cela parce qu'il y avait toujours beaucoup de choses à faire. Les gens étaient très accueillants. Nous passions l'hiver à Marchais. Le palais de Monaco était fermé. Ma famille, tout le personnel de mon grand-père – cuisiniers, valets, domestiques, bonnes, tout le monde – devaient aller à Marchais pour cinq ou six mois. Sauf le gouvernement. Ils demeuraient à Monaco. »

Afin de rester en contact avec ses ministres, Louis II a doté son château d'une ligne télégraphique spéciale, ce qui amuse beaucoup son petit-fils : « C'était vraiment passionnant, quelque chose de tout à fait neuf pour nous. Je pouvais regarder un secrétaire expédiant des messages toute la journée ! »

Enfin, le prince fait une cure annuelle, en Suisse ou en Allemagne. Et il passe invariablement deux mois en Écosse, à chasser la grouse sur les domaines de ses cousins Hamilton. Rainier, quant à lui, détestait cela, car « il n'arrêtait pas de pleuvoir ».

Lorsqu'il réside à Monaco, le passe-temps favori de Louis II consiste à réunir des souvenirs napoléoniens, dont la pièce maîtresse est l'un des berceaux du roi de Rome qui lui vient de son aïeule, Stéphanie de Beauharnais. Rainier, nourrisson, a eu le privilège d'y dormir. Ce dernier complétera plus tard la collection de son grand-père. Elle fait aujourd'hui l'objet d'un musée, installé dans l'une des ailes du palais.

Au début les années 1920, Louis II pâtit des intrigues de sir Basil Zaharoff, richissime marchand de canons d'origine grecque, anobli par la reine Victoria pour son aide lors de la guerre des Boers. Ce mystérieux septuagénaire a racheté la majorité des actions de la SBM à Camille Blanc, le fils de François. L'ambition cachée de Zaharoff n'est rien moins que de s'emparer du trône ! Le trafiquant d'armes est un personnage romanesque, follement épris de la duchesse de

Villafranca, une cousine du roi d'Espagne Alphonse XIII. Maître du casino, il veut déposer Monaco au pied de son amante.

En 1925, l'affaire s'enfle tant que le magazine monégasque *Va Tout*, organe officieux de Louis II, traite Zaharoff de « métèque de la finance internationale » : « Seules de telles crapules peuvent oser attaquer le prince régnant, cracher sur son honneur et essayer de le déposséder. Leur manœuvre est condamnée à l'échec, mais que cache-t-elle ? M. Zaharoff essaie de pêcher en eau trouble. Il a l'ambition de jouer à Monaco le rôle d'un potentat. Et cependant le prince Louis a été reconnu souverain par la Société des Nations, et il représente ainsi une puissance à laquelle nul n'aura le droit de s'en prendre impunément. »

La crise se dénouera d'elle-même. Le 7 mars 1926, moins de dix-huit mois après avoir épousé Zaharoff, la duchesse de Villafranca meurt. Inconsolable, celui qui avait voulu devenir le prince Basile Ier pour l'amour d'une femme ne tarde pas à vendre ses intérêts dans le casino. Et lorsqu'il disparaîtra à son tour, à l'âge de quatre-vingt-sept ans, en 1936, il voudra reposer pour l'éternité à côté de sa duchesse.

Débarrassé de ce péril extérieur, Louis II est confronté peu après, à un autre défi, venant de ses sujets eux-mêmes. Les Monégasques, en effet, se plaignent de la place « subalterne » qu'ils occupent dans leur propre pays. Les financiers de la SBM tirent les ficelles du Conseil national – le parlement de la principauté – qui ne figure qu'une parodie de démocratie.

En juillet 1930, un groupe de conseillers mécontents se réunit à l'hôtel Négresco, à Nice. La princesse Charlotte, dépêchée par son père, intervient inopinément, promet des réformes et désamorce le mouvement. Mais en décembre, Louis II, excédé par des oppositions continuelles, dissout le Conseil national. La presse française rapporte que le prince – en ancien officier – se serait écrié, apprenant l'arrivée d'une délégation au palais : « Donnez-leur du plomb et non pas une constitution ! »

Ce mouvement séditieux finit cependant par s'apaiser. À partir de 1934, près de deux cents sociétés, attirées par les avantages fiscaux de Monaco, viennent y installer leur siège social. Les hasards de la Bourse et de la spéculation commencent à surclasser ceux du tapis vert. Mais, alors que s'amorce ce tournant décisif dans l'histoire monégasque : la Second Guerre mondiale se déclenche.

Dans ce contexte agité des années 1930, Rainier connaît une enfance déchirée et solitaire. Très tôt – comme sa sœur –, il souffre de se sentir « sevré d'amour » : « Antoinette et moi, avons été élevés par une nanny. Nous ne rencontrions nos parents que vers cinq heures de l'après-midi. Et pour une heure seulement ! Le reste du temps, nous étions confinés dans la nurserie. À l'époque, on se préoccupait moins de savoir si les enfants souffraient d'être laissés en arrière. Mon enfance a été parfois heureuse, bien qu'avec ma sœur nous fussions traînés ici et là, éprouvant un étrange sentiment d'insécurité. Il m'est arrivé de douter de l'amour de mes parents. Je me sentais blessé. »

La férule autoritaire de leur gouvernante anglaise, Katleen Wanstall, ne saurait remplacer l'affection épisodique de la fantasque « Mamou » – comme Rainier et Antoinette surnomment leur mère. Charlotte est une personnalité à éclipses, parfois débordante d'affection, d'autres fois distante et absente. « Nanny » Wanstall, cousine de Winston Churchill, royaliste fervente, refuse d'apprendre le français. La première langue de Rainier sera donc l'anglais.

La duchesse de Valentinois quittera Pierre de Polignac – qu'elle a, dit-elle « épousé contre ses vœux » –, alors que leur fils n'a que six ans. Elle entame bientôt une liaison avec un certain docteur Del Masso, dont on ne sait pas grand-chose, sinon que la princesse tente de lui tirer dessus lorsqu'il décide de la quitter pour une autre femme...

Entre Pierre et Charlotte, la séparation de corps est prononcée à la suite d'une décision arbitrale rendue par le président Poincaré, le 20 mars 1930. Elle est entérinée par une sentence de la Cour de révision de Monaco. Finalement, une ordonnance princière du 18 février 1933 officialise le divorce, dans un parfum de scandale.

Charlotte se réfugie à Marchais. « Je vous demande, en toute simplicité, de me permettre de trouver un peu de paix », écrit-elle à son père. Elle y poursuivra le cours d'un destin tumultueux, ponctué de passions éphémères. Elle mourra le 15 novembre 1977, à l'âge de soixante-dix-neuf ans.

Pierre conserve son titre, mais sans la moindre prérogative politique. L'ex-époux de Charlotte reste domicilié légalement et de plein droit au palais de Monaco. Toutefois, considéré comme *persona non grata*, il ne peut y résider, faute du consentement du prince Louis. Celui-ci, en effet, a donné à ses carabiniers l'ordre d'expulser l'intrus s'il lui prenait la fantaisie d'apparaître sur le Rocher !

Rainier – comme Antoinette – souffre beaucoup de la discorde qui s'instaure entre ses parents. « Quand nous étions avec notre mère, elle nous disait toujours : "Quand vous verrez votre père, ne lui dites rien au sujet de moi ou de votre grand-père." Quand nous étions avec notre père, il nous disait toujours : "Ne dites rien à votre mère ou à votre grand-père à mon sujet." Ce n'était pas simple. Comme tout enfant qui est le produit de parents divorcés, cela m'a fait du mal. »

Bien des années plus tard, Rainier révélera à son biographe américain, Jeffrey Robinson : « Mon père était un homme très délicat, très sensible. Mais ma mère a été malheureuse dès les débuts de leur mariage. J'ai énormément souffert de leur mésentente. » Le manque évident d'affection le conduit à se replier sur lui-même. Désorienté, il avouera n'avoir « jamais été véritablement sûr de l'amour de ses parents ».

Dans un premier temps, le jeune prince et sa sœur aînée sont confiés à la duchesse de Vendôme, née Henriette de Belgique, épouse d'Emmanuel d'Orléans. Après le divorce, le prince Pierre vit quelque temps avec eux à Paris, avenue Foch. Il écrit alors à Paul Valéry : « L'ambiance avec mes enfants paraît devoir être charmante. Dieu veuille que la marche des événements épargne notre petit îlot de paix. »

Cependant, Louis II – en tant que chef des Grimaldi – entend superviser l'éducation de son héritier dynastique. En accord avec son ex-gendre, Rainier est envoyé au collège britannique de Summerfields, à St Leonards-on-Sea, près de Hastings, dans le Sussex. Pour l'enfant, qui a douze ans, c'est une sorte d'exil. L'endroit est sinistre, mal chauffé, et l'on y pratique couramment les châtiments corporels.

« Pantalons courts, douches froides et corrections à coups de cannes », résumera le prince. L'écrivain Cecil Day-Lewis, qui fut l'un de ses professeurs, décrit ce pensionnat comme « un monde où, dans des conditions définies, l'instinct primitif du troupeau s'exprime dans son innocence première et sa brutalité inconsciente. [...] [Un] univers de courants d'air, d'engelures, de viande filandreuse, de récompenses et de châtiments, de justice terre à terre et de partialité sournoise. »

Pour économiser l'électricité et le chauffage, en ces temps de crise, il n'est pas rare que deux cours soient donnés simultanément dans la même classe. Rainier, que ses camarades ont surnommé à cause de ses rondeurs Fat little Monaco – le petit gros Monaco –, se défoule en pratiquant de nombreux sports. Entre autres, il fait partie de l'équipe de boxe de l'école et devient même champion dans sa catégorie.

Après bien des tribulations, l'adolescent est inscrit à Stowe. Ce collège surnommé la « nurserie d'Eton » est installé près d'Oxford autour d'une authentique demeure georgienne, appartenant autrefois aux ducs de Buckingham. Avec ses colonnades doriques, il semble plus accueillant que Summerfields. Pourtant, Rainier, supporte mal d'être chahuté par les « stoïques », les anciens du collège. Il fait une fugue, trois jours seulement après son arrivée. Voulant prendre le train pour Londres, il oublie de retirer la casquette du collège.

« Le principal, un ancien militaire, est venu me chercher dans son énorme voiture. J'ai pensé que j'allais avoir des ennuis. Mais il m'a emmené dans son cabinet de travail et m'a offert un gigantesque goûter. Je me suis dit : finalement quelqu'un qui me comprend. » Bien que son escapade n'ait duré que quelques heures, elle fera les titres des magazines en Angleterre et sur le continent.

En mars 1936, Louis II récupère la garde complète de ses petits-enfants. Rainier est alors transféré au château du Rosey, à Rolle, célèbre collège suisse qui a la réputation d'être « l'École des rois » pour avoir accueilli de nombreuses altesses, telles le futur dernier chah d'Iran, le duc de Kent ou encore Baudouin de Belgique. L'enseignement y est plus libéral, basé sur le respect de la personne et le développement individuel. Le directeur du Rosey, Henri Carnal, brosse le portrait du prince à son arrivée : « Solidement charpenté, souriant, un peu timide, il contemplait d'un œil inquiet le milieu, nouveau pour lui, dans lequel il allait vivre. »

Cette atmosphère helvétique de bien-être et de liberté va permettre à Rainier d'épanouir pleinement ses dons intellectuels et physiques. Il trouve son équilibre, se passionne pour le théâtre, fait du ski à Gstaad. Des bals sont organisés avec les jeunes filles d'une institution voisine.

« J'ai beaucoup aimé le Rosey, reconnaîtra-t-il plus tard avec gratitude. C'était un endroit merveilleux. À cette époque, l'institution ne comptait qu'une centaine de garçons. C'était le genre d'endroit où, si vous vouliez étudier, tout était possible. »

V

Les occupations de Monaco

Alors qu'éclate une nouvelle conflagration mondiale, Louis II se souvient de l'hécatombe de 1914-1918. Durant les premières années de son règne, il avait organisé à Monaco une conférence internationale sur les droits des populations en cas de conflit. Néanmoins, dès septembre 1939, il n'hésite pas à répondre à l'appel de sa « seconde patrie ».

Les Monégasques voient leur prince presque septuagénaire, promu général de division et mobilisé à Cannes, traverser leur ville en uniforme français à bord de son Hispano-Suiza vert sombre. Ainsi, en dépit de la non-belligérance affichée de la principauté, personne ne peut douter des sympathies de son souverain.

À Marchais, la princesse Charlotte anime une œuvre sociale pour les soldats du front. La fille de Louis II, qui n'a rien perdu de sa fougue, prend des risques. Le 16 mai 1940, son ambulance est détruite au cours d'un bombardement aérien. Par miracle, elle s'en sort indemne. Le prince régnant, devant l'avance irrésistible de l'armée allemande, regagne Monaco le 30 mai.

La sœur aînée de Rainier, la jeune princesse Antoinette, qui est restée en principauté, préside le Comité monégasque d'assistance et de secours. Quant au jeune prince lui-même, il quitte la Suisse peu avant le début de la guerre, afin de passer son baccalauréat à Montpellier. Il y poursuit des études de sciences politiques, et se passionne pour l'histoire de France.

Pour des milliers de personnes, Monaco est l'ultime planche de salut. L'armistice du 24 juin exclut en effet le petit pays de la zone d'occupation italienne. Louis II conserve donc les attributs de sa souveraineté. À côté de réfugiés de la haute société, comme le duc de Windsor ou l'Aga Khan, on trouve aussi beaucoup de vieilles filles anglaises aux revenus modestes et nombre d'israélites fuyant les persécutions nazies. Aussi, au cours de l'été 1941, le commissaire aux Questions juives de Vichy, le sinistre Xavier Vallat, éructe-t-il contre cette exception monégasque : « L'état actuel de la législation ne me permet pas d'exercer mon action sur ce territoire neutre ! » Le directeur du service d'Aryanisation économique renchérit : « Il est notoire qu'un nombre imposant de Juifs s'est réfugié à Monaco. Ils peuvent presque impunément continuer à exercer leurs activités tant d'ordre professionnel que spéculatif. »

Sous la pression du gouvernement du maréchal Pétain, une ordonnance princière du 28 février 1942 finit par dresser une liste des professions désormais interdites aux Juifs. Elle reste cependant beaucoup moins restrictive que les proscriptions françaises. De plus, ce règlement discriminatoire est appliqué avec peu d'enthousiasme. On ne compte que trois mises à la retraite. Néanmoins, le départ forcé du directeur de l'opéra, Raoul Gunsbourg, marque tous les esprits. Avant de passer en Suisse, il envoie une lettre courageuse aux autorités monégasques, le 5 juillet 1941 : « D'après les journaux, les Israélites doivent faire une déclaration de leur religion. Je ne demande pas mieux, car moi, je ne cache pas ma religion, et n'ai ni honte ni velléité de me rebeller contre qui que ce soit, ni contre quoi que ce soit. Je ne suis pas pratiquant, mais Dieu m'a fait juif, et la volonté de Dieu est sacrée. »

Envers et contre tout, la vie mondaine et artistique a rapidement repris ses droits. Le casino de Monte-Carlo rouvre ses portes et enregistre des bénéfices considérables. De nombreuses sociétés s'implantent, aux activités troubles, sur fond de trafic d'argent sale, où prospèrent dignitaires nazis et milliardaires du marché noir.

En janvier 1943, Jeannequin, le consul de France, rapporte à Vichy : « La principauté traverse actuellement une prospérité financière inouïe. Les fêtes de Noël et du jour de l'an ont vu se rassembler à Monte-Carlo une foule innombrable de gens qui se sont rués sur le seul casino demeurant ouvert à l'intérieur de notre territoire. »

En 1941, la SBM fournissait trois millions de francs au Trésor, et quatre-vingt millions, deux ans plus tard ! La majorité des Monégasques « se réjouit d'une pluie d'or dont les éclaboussures l'atteignent. »

Dans le même temps, des montages juridiques complexes permettent aux affairistes en tout genre d'investir leurs bénéfices en principauté. C'est le cas de Mandel Szkolnikoff alias « Monsieur Michel », un Juif apatride d'origine russe, qui est l'un des principaux fournisseurs des SS. Par le truchement de prête-noms, il achète la plupart des hôtels de Monaco, ainsi que des villas et des immeubles.

Cette fièvre immobilière rapporte au budget princier de substantielles taxes de mutation. En février 1944, un inspecteur des Finances soulignera que « la trésorerie monégasque, qui était en voie d'épuisement en 1937, disposait fin 1943 de cent quatre-vingt-huit millions de francs immédiatement réalisables ». Et cela bien que les dépenses « aient été multipliées par trois depuis 1938 ». Il conclut : « La création de sociétés est devenue une industrie nationale. »

Le prince Louis II n'est hélas pas étranger à de telles combinaisons. Le capitaine Ardant – père de l'actrice Fanny Ardant et précepteur de Rainier jusqu'en août 1942 – se déclare « choqué par ce qu'il a vu et entendu au palais de Monaco ». Dans une note confidentielle, le consul Jeannequin précise : « Pendant les semaines où il a vécu dans l'intimité des princes, le capitaine n'a jamais entendu parler que d'argent et de procédés plus ou moins propres par lesquels on peut s'en procurer, de petites combinaisons louches destinées à sauvegarder les intérêts des Grimaldi et de leurs sujets. »

D'autre part, le secrétaire particulier de Louis II « possède beaucoup d'influence sur le prince, qui est toujours à court d'argent et auquel il fournit des moyens – pas toujours très corrects – d'en obtenir... ».

Le 11 novembre 1942, à la suite du débarquement anglo-américain en Afrique du Nord, les troupes italiennes mettent la main sur la principauté. Louis II se tourne alors vers l'Allemagne afin de lui demander de garantir son indépendance : « Depuis 1940, plaide-t-il, le gouvernement de la principauté s'est attaché à établir une coopération sincère et sans réticence avec les autorités allemandes. Le gouvernement princier ne s'est pas contenté d'affirmer verbalement cette politique, il l'a mise résolument en pratique. »

Si Louis II évite l'annexion pure et simple, le parti national fasciste de Mussolini ouvre un bureau d'information et de recrutement. En revanche, l'Italie n'applique pas la politique antisémite de Hitler. Les Israélites de Monaco continuent d'être épargnés.

Malheureusement, le 9 septembre 1943, les Allemands se substituent aux Italiens. Le ministre d'État Émile Roblôt, nommé par Vichy, fait aussitôt placarder l'affiche suivante : « Les troupes allemandes s'installent dans la principauté parce que les événements de la guerre l'exigent. Mais les autorités allemandes ont agi avec la plus grande courtoisie envers le prince et son gouvernement. [...] Elles ont déclaré qu'elles entendent respecter l'indépendance et la souveraineté du prince. »

L'hôtel de Paris se transforme en siège de la Gestapo, la nourriture est rationnée, et plus aucun yacht ne jette l'ancre sous le Rocher. Mais cette nouvelle donne n'empêche pas les jeux de continuer. Et si Louis II refuse ostensiblement de paraître aux galas organisés par l'occupant, la saison théâtrale ne manque pas d'être brillante, avec des vedettes aussi prestigieuses que Maurice Chevalier, Robert Manuel ou Raymond Pellegrin. Le 17 juillet 1943, *Radio Monte-Carlo*, financée par des capitaux nazis, diffuse ses premières émissions depuis le sporting d'hiver.

Si les Allemands ménagent la principauté, c'est qu'ils comptent l'utiliser pour « blanchir » les capitaux provenant de leurs exactions. Le 28 octobre 1943, le nouveau consul de Vichy, Deleau, écrit : « Ce traitement préférentiel ne paraît guère explicable autrement que par une politique à longue échéance. Le gouvernement du Reich ne cherche-t-il pas à favoriser l'ascension de la principauté à la position internationale qu'elle a l'ambition d'occuper dans le monde de demain ? [...] N'espère-t-il pas ce faisant bénéficier des avantages que pourrait lui valoir, dans l'avenir, l'existence sur les bords de la Méditerranée d'un petit État autonome dans lequel il dispose d'une solide position financière ? »

Ainsi, le ministre d'État Roblôt favorise secrètement la création à Monaco d'une officine allemande, filiale occulte de la Reichbank. Certains nazis envisagent déjà la défaite et sont en quête de lieux sûrs pour y « blanchir » leurs magots. Sous couvert du financier suisse Johannes Charles, une licence est délivrée par Roblôt en novembre 1943. Le 21 juillet 1944, la banque Charles et Cie voit officiellement le jour, avec la participation financière du prince Louis II.

Sur le plan de la politique raciale également, le gouvernement princier est obligé de faire quelques concessions aux puissances du moment. Les forces occupantes procèdent à des rafles, même si Louis II et beaucoup de Monégasques s'efforcent de cacher des Juifs. La pression s'accentue le 14 février 1944, quand Monaco est placé en zone militaire. Les rumeurs d'un débarquement en Provence se font insistantes.

Tandis que la Wehrmacht renforce ses défenses tout le long de la côte, la Gestapo redouble d'activité. Selon ses estimations, dix à quinze mille Juifs se seraient cachés en principauté. Le nombre véritable est sans doute dix fois moindre.

Le 14 juillet 1944, le consul du Reich, le docteur Hellenthal, croit devoir rapporter : « On ne peut plus parler d'un problème juif à Monaco. Sur les mille qui y vivaient à notre arrivée, il n'en reste plus que cinquante. Car, outre les arrestations, beaucoup sont partis avec les Italiens, d'autres ont fui après les premières rafles en Espagne, en Suisse et dans les montagnes françaises. »

Avec l'aval du prince Louis II, à la fin d'août 1944, soixante-six Juifs étrangers, réfugiés en principauté, sont encore interpellés et transférés à Nice, à l'instigation du chef de la police française, René Bousquet. Quarante-deux d'entre eux seront déportés à Auschwitz. « Je tiens à signaler l'empressement avec lequel le gouvernement princier a, cette fois, répondu à notre appel » se félicite le consul allemand.

En octobre 1993 à la demande de Serge Klarsfeld, le prince Rainier III fera ériger une stèle commémorative devant le cimetière juif de Monaco. Sur un total de quatre-vingt-sept déportés, cinq seulement survivaient en 1945.

La principauté est enfin libérée le 3 septembre 1944, après avoir essuyé quelques bombardements alliés. À l'instar de la France, un Comité de libération, noyauté par les FTPF – francs-tireurs communistes de Nice et Menton –, veut faire tomber des têtes. On arrête le consul général, représentant diplomatique de l'État français. Dans ses mémoires, Raymond Aubrac, alors commissaire régional de la République à Marseille, relate : « La Résistance monégasque, bien organisée, me proposa d'annexer purement et simplement [la principauté]. Je commis ici une erreur. » En effet, Aubrac demande la permission au général de Gaulle qui lui répond : « Si vous l'aviez fait sans me le dire, je vous aurais blâmé officiellement, mais approuvé personnellement. Vous me demandez l'autorisation, je dois vous la refuser. »

Louis II préserve donc son trône. Il s'oppose même au départ du ministre Rôblot, que les résistants exigent publiquement. Le 11 septembre, Rainier lui-même écrit à son grand-père qu'il ne rentrera au palais que lorsque ce sinistre personnage en aura été chassé. Après sa licence, en juin 1943, le jeune prince avait en effet regagné Monaco, où il acceptait mal les compromissions avec l'occupant et les errances politico-financières de son grand-père. Le 2 juin 1944, sa mère, Charlotte, lui cède ses droits à la succession et le titre de « prince héréditaire », titre qu'elle reprendrait s'il venait à décéder avant elle. Avec sa sœur Antoinette, très anglophile, il s'était même permis de reprocher au vieux prince « le désordre de sa vie privée et surtout les dépenses que ce désordre entraîne ».

Devant ce vent de fronde, Louis II fait jouer ses amitiés dans l'état-major français. Il demande l'aide du général de Lavalade, commandant la XVe Région militaire, qui lui envoie deux sections de tirailleurs sénégalais, puis, le 23 septembre, une compagnie du 9e Zouaves. La population monégasque réserve un accueil enthousiaste aux troupes tricolores. La tempête se calme. Menacé de mort, Roblôt quitte nuitamment la principauté. Avant son départ, il remet, en date du 25 septembre, une note de dix-sept pages au commandant Giraudet, commissaire de la République française à Monaco. L'ancien ministre échappera à l'épuration et ne sera même pas accusé d'avoir trempé dans la collaboration. Il mourra paisiblement en 1963.

Habilement, Rainier s'enrôle quelques mois plus tard comme simple soldat, volontaire au titre étranger dans l'armée française. Avant de partir, le 28 septembre 1944, il publie sa première adresse politique aux Monégasques : « J'ai beaucoup pensé à vous avant de prendre cette décision qui me concerne et, par conséquent, qui vous intéresse aussi.

Durant les cinq dernières années, j'ai été témoin avec vous des méfaits de la politique hasardeuse des politiciens qui avaient réussi à obtenir la bienveillance de SAS le prince souverain, mon grand-père. [...]

» Cette politique nous a fait perdre le rang et le rôle que nous devions tenir et nous a privés de notre neutralité et de notre indépendance. J'ai assisté impuissant à l'évolution des événements sans jamais m'y associer et sans jamais pouvoir les combattre. [...]

» Aujourd'hui plus que jamais, il faut que notre pays soit considéré par tous comme étant un État souverain, indépendant et neutre. C'est mon vœu le plus cher. Pour cela il faut aux alliés une garantie. C'est pour cela que j'ai décidé de m'engager dans les rangs d'une armée alliée, l'armée française. »

Âgé de vingt et un ans, le prince sert d'abord dans le 1er régiment de Tirailleurs algériens, engagé dans la bataille de France. Comme sous-lieutenant, dans le 2e Corps d'armée, sous les ordres du général de Montsabert, le prince combat avec bravoure pour délivrer l'Alsace, puis il va jusqu'à Berlin où il sera affecté à la mission militaire française, section économique. « J'ai souffert tout au long de la campagne d'hiver, expliquera-t-il. La bataille a été rude. Comme je parlais anglais, on m'a envoyé ensuite à la 36e division d'infanterie à Strasbourg, les Texas Rangers, où j'ai servi d'agent de liaison à l'état-major. »

Démobilisé en janvier 1947, Rainier retrouvera la principauté avec le grade de lieutenant, les Croix de guerre française et belge et la Légion d'honneur à titre militaire que lui a décernées Léon Blum, président du gouvernement provisoire. En avril 1949, la France l'élèvera au grade de capitaine et lui confère, en décembre 1954, celui de colonel.

Pendant la guerre, le vieux prince Louis II, célibataire endurci et, semblait-il, insensible à tout sentimentalisme, a rencontré l'amour. Il a soixante et onze ans, en ce jour du 17 janvier 1942, où il assiste à une représentation de *L'Aiglon* d'Edmond Rostand, à l'Opéra de Monte-Carlo. Selon la tradition inaugurée jadis par Sarah Bernhardt, le rôle du duc de Reichstadt est joué par une comédienne. Aujourd'hui, Napoléon II se nomme Ghislaine Dommanget – Ghyslaine, avec un « y », à la scène.

Née avec le siècle, l'actrice a trente ans de moins que le prince. Celui-ci est émerveillé. Il lui fait porter dans sa loge une gerbe de roses et une invitation à dîner. Et, de présents en déclarations, la romance s'achève discrètement, par de justes noces célébrées dans la chapelle du palais, le 24 juillet 1946.

Fille d'officier de cavalerie, Ghislaine Dommanget est apparentée à un général baron d'Empire dont le nom est gravé sur l'Arc de Triomphe, à Paris. Mariée très jeune à son professeur de chant, Paul Diey, elle divorce rapidement et se lance dans une carrière théâtrale. Elle joue à l'Odéon, devient l'amie de Bunau-Varilla, directeur du *Matin*. En 1934, d'une liaison avec André Brulé, éternel jeune premier de l'avant-guerre, elle a un fils, prénommé Jean-Gaël.

Ghislaine, qui régnera sept ans sur le cœur de Louis II, et trois sur celui de ses sujets, a laissé un livre de mémoires intitulé *Sois princesse, dit-il.* Elle y raconte sa fabuleuse aventure et sa difficulté parfois à séparer le rêve de la réalité. Lorsque le prince lui demande un jour : « Quels effets te font toutes ces félicitations adressées à "Son Altesse Sérénissime ?" » Elle répond : « Sincèrement, aucun. On m'appelait "Altesse" dans *L'Aiglon*, et j'ai tant vécu en pensée avec le duc de Reichstadt que je me dédoublais en lui. Alors, je n'y prête pas attention. »

VI

Le Rocher en héritage

Le jubilé de Louis II, fêté en juin 1947 et dont le « surintendant » sera l'écrivain Marcel Achard –, constituera aussi le zénith de Ghislaine. L'évanescente princesse s'en souviendra avec nostalgie : « Cinq jours pleins de réjouissances dans tous les domaines, pour tous les âges, à toutes les heures ! Au programme : un gymkhana automobile, des réunions d'athlétisme, de catch, des régates, un concours d'élégance, chaque soir un spectacle théâtral nouveau ! Les bals populaires, eux aussi, se succèdent : on y rit, on y boit, on y chante dans l'euphorie générale. Un magnifique feu d'artifice embrasera tout le Rocher le soir du cinquième jour : aux yeux du peuple heureux, il semblera porter en apothéose le palais du prince bien aimé. »

La position d'héritier d'un trône n'est pas toujours facile à tenir, à Monaco comme ailleurs. Rainier, qui a vingt-deux ans au sortir de la guerre, brûle d'exercer des responsabilités politiques. En attendant, avec son caractère impénétrable, son air ténébreux et sa fine moustache à la Clark Gable, il mène sa vie à cent à l'heure. Il fait de la voile au large de Nice, skie à Saint-Moritz, pêche au harpon en mer Rouge ou s'exerce plus sagement au golf. Il aime aussi le jazz, joue de la trompette, et fréquente incognito les salles de cinéma de Nice et de San Remo.

Sa passion des grosses cylindrées l'entraîne à prendre des risques. Le coureur Louis Chiron lui a appris à piloter et Rainier participe volontiers à des rallyes, sous un nom d'emprunt. En septembre 1949, lors du Tour de France automobile, un certain Carladès, un titre conféré par Louis XIII aux Grimaldi, s'assoupira au volant en arrivant à Boulogne-sur-Mer. La tragédie est évitée de justesse.

Côté cœur, sa liaison avec Gisèle Pascal – si elle est dans toutes les gazettes – n'a rien de tapageur. Dès 1943, l'actrice débutante, qui a vingt ans, se produit au théâtre de Monte-Carlo. Rainier la retrouve trois ans plus tard, à la faveur du premier festival de Cannes, pendant une réception privée. C'est le coup de foudre !

La jeune première a commencé comme sténodactylo, et doit son succès au cinéaste Marc Allégret. Cette jolie fille aux yeux bleus et aux cheveux blonds tourne dans des comédies légères, des films un peu « osés » – pour l'époque – aux titres explicites : *Après l'amour, Mademoiselle s'amuse* ou *La Femme nue*... Roturière, ses humbles origines – elle est la fille d'un marchand de fruits et légumes de Cannes – sont pour Louis II une raison supplémentaire d'interdire à son petit-fils de songer au mariage. D'autre part, Gisèle Pascal ne souhaite pas mettre un terme à sa carrière artistique. Pour couronner le tout, le bruit court qu'elle est stérile. Après avoir rompu avec Rainier en 1953, elle épousera son partenaire de *Marchands d'illusion* et du *Feu dans la peau*, Raymond Pellegrin, auquel elle donnera une fille, prénommée Pascale, qui deviendra elle aussi actrice.

Le grand-père de Rainier s'éteint le 9 mai 1949, à soixante-dix-huit ans. Le lendemain, *Le Monde* commente l'événement : « D'ordinaire si animées les rues de Monaco et de Monte-Carlo étaient hier soir presque désertes ; cafés, cinémas et casinos avaient fermé leurs portes. La principauté avait pris le deuil de son prince, Son Altesse Sérénissime Louis II, décédé à seize heures, en son palais, entouré de sa famille. De dix-huit à vingt heures toutes les églises sonnèrent le glas, alors que la nouvelle, bientôt confirmée par un communiqué du ministre d'État, s'était rapidement répandue dans la ville. »

Le corps embaumé est exposé dans la chapelle du palais, où la population est admise pour lui rendre un dernier hommage. Les funérailles ont lieu le mardi 17 mai 1949. En uniforme des carabiniers monégasques, Rainier – qui vient d'être promu capitaine de l'armée française – apparaît sur la place du Palais, où des compagnies de 159e d'infanterie alpine, un détachement de parachutistes, une compagnie de fusiliers marins et un détachement de légionnaires sous les ordres du général Raguet, rendent les honneurs.

On renoue pour l'occasion avec une ancienne tradition catholique. Le cercueil est porté du palais à la cathédrale Notre-Dame par douze pénitents de l'archiconfrérie de la miséricorde, revêtus de leur costume noir et blanc. Après l'office funèbre, il demeure dans le chœur jusqu'à dix-huit heures. Puis, toutes portes fermées, en présence seulement de quelques intimes, il est descendu dans la crypte des Grimaldi. Le caveau qui, depuis vingt-sept ans, renfermait la dépouille d'Albert Ier, est muré. Celui de Louis II restera ouverte jusqu'à la mort de son successeur.

Avant de s'éteindre, Louis II avait désigné, le 28 avril, son petit-fils pour gérer les affaires de la principauté. « Depuis que le vieux prince, malade, ne quitte plus son lit, il ne se passe pas de jours sans qu'il n'inculque à son petit-fils l'art de gouverner avec prudence, sagesse et amour », pontifiait le très officiel *Journal de Monaco*. En réalité, si Rainier III a toujours parlé de son prédécesseur avec respect et tendresse, il semble bien qu'un fossé séparait les deux hommes. Même en privé, le grand-père tenait à ce que son petit-fils l'appelle « Monsieur ».

« Il ne m'avait aucunement préparé à mon rôle, s'emportera Rainier. J'étais en proie à la routine, la sacro-sainte routine de mes conseillers devant lesquels je piquais des rages froides. » Pourtant, dans une entrevue accordée en 1989 pour le magazine *Point de Vue* au prince Michel de Grèce, le souverain monégasque nuançait son propos : « J'ai été formé à l'ombre de mon grand-père, Louis II, en voyant comment il opérait. Les conseils qu'il me donnait étaient fort brefs et il me mettait très peu au courant des affaires. Mais, pendant longtemps, j'ai eu l'opportunité de voir le mécanisme fonctionner. J'ai multiplié les contacts et j'assistais au Conseil du gouvernement. »

Le deuil dure six mois, pendant lesquels le pavillon des Grimaldi reste en berne. Le 18 novembre 1949, une messe de requiem est célébrée dans la chapelle du palais. L'ère Louis II est définitivement close. Le lendemain, se déroulent les cérémonies d'intronisation. Le reporter du *Monde* décrit l'atmosphère de Monaco en ce jour de liesse : « À toutes les fenêtres de la principauté, le drapeau bicolore, rouge et blanc, flotte ce matin au vent tiède de la mer et de la montagne et sous la pluie. Des cloches – celles de la chapelle Palatine, des églises Saint-Charles, Sainte-Dévote, Saint-Martin – carillonnent joyeusement, avec leurs voix de Pâques.

» À Monte-Carlo, la place du casino est plantée depuis hier de hampes blanches, comme les mâts d'un navire de plaisance, écussonnées aux armes des Grimaldi. Dans chaque vitrine, enfin tous les commerçants, ont installé avec des petits soins, à la place d'honneur, au milieu des sacs à main, des flacons en cristal taillé, des boules d'or, des oranges, le portrait martial, en colonel de carabiniers, de Son Altesse Sérénissime Rainier III, qui monte ce matin, au chant des musiques et aux acclamations de son peuple, sur le trône de Monaco. »

À neuf heures quarante-cinq, alors que la pluie s'est calmée, les Monégasques de plus de quinze ans et les corps constitués se rassemblent dans la cour d'honneur du palais. La veille, le nouveau souverain a adressé une photo dédicacée à tous ses sujets du sexe masculin. Louis Veuillot n'a-t-il pas écrit jadis que les princes de Monaco « avaient bien de la chance, car ils étaient les seuls souverains du monde à connaître tous leurs sujets par leurs prénoms » ?

À dix heures, Rainier, en jaquette, accompagné des membres de la famille princière, fait son entrée dans la galerie d'Hercule, salué par la sonnerie « Aux champs ». Le président du Conseil national, Bellando de Castro et Charles Palmaro, maire de Monaco, adressent au prince leurs félicitations et l'assurent de leur déférente confiance. L'édile remet ensuite au prince les clefs de la ville, posées sur un coussin de soie aux couleurs monégasques.

Dans la salle du Trône, Rainier III prend place sur le grand fauteuil doré de velours rouge, surmonté du baldaquin doré, où les princes de Monaco ne siègent qu'une fois, le jour de leur serment d'investiture. Puis c'est le traditionnel Te Deum, célébré à la cathédrale par l'évêque de Monaco, Mgr Pierre Rivière. Au moment de l'acclamation *Domine salvum fac principem !* « Seigneur, protège le prince ! », l'assistance se lève. Seul Rainier demeure impassible.

Le correspondant du *Monde*, Jean Couvreur, est sans doute le premier journaliste à bénéficier d'une interview de Rainier III : « Accoudé à son balcon de marbre, un jeune homme se recueille devant l'horizon. C'est un chef d'État, mais d'un État si petit qu'en refermant les bras, il l'étreindrait facilement sur son cœur. [...] Il se retourne et me tend la main. Un huissier médaillé et silencieux m'a introduit dans son cabinet de velours et disparaît dans un envol de jaquette.

» Rainier III, prince de vingt-six ans, est athlétique et élégant, souriant mais réservé. Le visage rose et rond pourrait convenir à un banquier, à un capitaine de rugby autant qu'à un ranchman australien ou au dernier des Grimaldi. Il ne manque d'ailleurs pas de grâce avec son regard mobile, ses petites moustaches brunes, son front classiquement construit, ni de fermeté. »

Compte-t-il marquer son règne à la manière de son arrière-grand-père, Albert Ier le Navigateur ? « J'espère organiser, moi aussi un jour, une expédition maritime. Mais, ajoute-t-il avec un grand sérieux, quand un prince s'occupe des affaires de l'État, il n'a pas le loisir de voyager beaucoup. » Cependant, en 1949, il songe déjà à un grand dessein pour Monaco : « Je voudrais aussi que la principauté devînt le centre de conférences diplomatiques, de congrès savants. »

Rainier III est donc devenu le souverain de deux mille deux cent quarante-cinq Monégasques. Mais il se découvre également des devoirs sur vingt-cinq mille autres résidents de la principauté.

« Je me retrouvais à la tête d'un petit État avec des responsabilités écrasantes. Je piaffais. J'étais jeune, plein d'idées, de projets, brûlant d'ambition. » Il dira en une autre occasion : « Je me rendis très vite compte que j'avais hérité d'un emploi à plein temps. » Et il ajoutera : « Quand j'ai succédé à mon grand-père, et cela me navrait, personne ne prenait la principauté au sérieux. À cause de sa taille, des légendes sur son paradis fiscal, de sa prospérité fondée sur le jeu. »

Le « royaume » dont le jeune prince hérite ressemble encore à cette carte postale que décrivait en 1947 la princesse Ghislaine. À ce point près que la guerre l'a sérieusement écornée et jaunie. Le Monte-Carlo brillant des grands ducs et des ballets russes n'est plus qu'un souvenir. Et les revenus du casino sont en baisse constante, comme la cassette personnelle du prince. Le palais lui-même se lézarde. Un journaliste américain de passage à Monaco, décrit la principauté comme un « État sur le point de mourir, une communauté agonisante de généraux en retraite, de joueurs sans envergure et de chats errants ».

Monarque aux pouvoirs quasi absolus, « prince souverain de Monaco par la grâce de Dieu », Rainier III se retrouve doté d'une titulature impressionnante : duc de Valentinois, comte de Carladès, baron de Calvinet, baron du Buis, seigneur de Saint-Rémy, sire de Matignon, comte de Torigni, baron de Saint-Lô, baron de La Luthumière, baron de Hambye, duc de Mazarin, duc de Mayenne, prince de Château-Porcien, comte de Ferrette, de Belfort, de Thann et de Rosemont, baron d'Altkirch, seigneur d'Isenheim, marquis de Chilly, comte de Longjumeau, baron de Massy, marquis de Guiscard.

Certes, les puristes, spécialistes de lois nobiliaires, ne manqueront pas de souligner que tous ces titres octroyés autrefois par les rois de France ou acquis par mariage, sont devenus, à partir de 1949, de création monégasque. En effet, les titres de l'Ancien Régime ne peuvent se transmettre ni par les femmes ni a fortiori par légitimation ou adoption. Il en est de même pour celui de « baron d'Empire », conféré jadis par Napoléon Ier à Honoré V.

La liste civile de ce vingt-sixième souverain de la dynastie Grimaldi dépasse la dotation du président de la République française. Pourtant, Rainier n'entend rien changer à la relative simplicité de son existence privée. Contrairement à son grand-père qui affectionnait Marchais, il décide de faire du palais princier sa résidence principale. Aussi demande-t-il qu'on lui aménage un appartement moderne au-dessus de la salle du Trône. Lorsqu'il n'est pas dans sa villa Iberia, à Saint-Jean-Cap-Ferrat, le prince vit là, au milieu de livres rares, de photos de « jolies filles » et de toiles de maîtres.

La première bataille que Rainier doit livrer est celle du testament de Louis II. Le feu prince a en effet légué la moitié de son immense fortune à sa veuve Ghislaine, l'autre moitié devant être partagée entre Rainier, sa sœur Antoinette et Charlotte, leur mère. Or, la plupart de ces biens appartiennent à l'État, et Louis n'avait pas le droit d'en disposer. À la requête de Rainier, l'affaire est déférée devant une cour de révision, appelée à statuer secrètement. Dix juristes du ministère des Affaires étrangères de Paris se prononceront en faveur de la thèse du nouveau souverain.

Pour finir, la princesse Ghislaine sera obligée de se contenter d'une pension relativement modeste. Elle renonce également à la présidence de la Croix-Rouge monégasque et à toutes ses fonctions officielles. Enfin, elle ne résidera plus au palais. Il lui faut dire adieu à sa chambre d'une blancheur immaculée – du satin damassé des murs jusqu'à la moquette – et à ce salon du second étage qu'elle a décoré en « Versailles vénitien ». Le rideau retombe sur le dernier acte de *L'Aiglon*, version grimaldienne...

Pourtant, Ghislaine continuera d'entretenir des relations cordiales avec la famille princière. « Il est si facile d'obéir au prince Rainier qui partage avec mon fils la meilleure place dans mon cœur ! » soupirera-t-elle bien des années plus tard. Elle s'entend très bien avec Grace, qui a été actrice comme elle. Chaque année, la princesse oubliée sort de sa retraite parisienne pour venir se recueillir sur la tombe de son mari. Rituellement, Rainier l'invite alors à déjeuner au palais, comme il la convie à tous les grands événements de la principauté, où les Monégasques la retrouvent, ombre du passé.

Quoique sexagénaire, Ghislaine songera à renouer avec son métier de comédienne, en 1960, dans l'opérette Rose de Noël, à Paris. Mais cette fois-ci, le succès n'est pas au rendez-vous. Elle aurait aimé se réincarner dans « une très jolie fleur que l'on admire et qui ne pense à rien », affirmait-elle parfois. Son Altesse Sérénissime a-t-elle réalisé ce vœu en s'en allant sans bruit, le 30 avril 1991 ? Au moins repose-t-elle, comme elle le souhaitait, dans le déambulatoire de la cathédrale de Monaco, non loin de son prince, vêtue de sa robe nuptiale, dessinée par Jeanne Lanvin, en crêpe blanc aux longues manches rebrodées de perles rouges et blanches, dessinant les losanges du blason des Grimaldi.

Si la princesse Ghislaine quitte Monaco, le prince Pierre, en revanche, voit se lever l'ostracisme qui pesait sur lui. Rainier a renoué avec son père après la guerre. Il lui réserve un luxueux appartement à l'hôtel de Paris, avant de l'établir au Clos Saint-Pierre, une magnifique villa près du musée océanographique.

Jusqu'à sa mort, survenue le 10 novembre 1964, Pierre restera le mentor très écouté de son fils, dans le domaine des lettres et des arts. En 1950, Rainier lui confie la présidence d'un conseil littéraire regroupant, outre des membres de l'Académie française – tels André Maurois ou Marcel Pagnol –, des académiciens Goncourt et des écrivains étrangers d'expression française. Le prix Rainier III, d'un montant d'un million de francs, décerné par ce brillant aréopage, le sera la première fois, en 1951, à Julien Green.

Décontracté dans son comportement quotidien, Rainier III possède un sens aigu des responsabilités dès qu'il s'agit de la principauté. Il exècre l'image de souverain d'opérette et de prince charmant qui lui colle à la peau. Il conçoit plutôt sa mission comme celle d'un président-directeur général... de droit divin. S'il rétablit une certaine étiquette de cour – que Louis II, en ancien légionnaire, négligeait –, il la veut souple et adaptée aux contingences modernes.

« Du temps de mon grand-père Louis II, il n'y avait pas du tout de protocole, expliquera-t-il en 1989 au prince Michel de Grèce. C'était un ancien de la Légion étrangère et il était resté très militaire, très rigoureux. Quant à moi, j'ai réclamé un protocole souple, mais non rigide dans le genre de celui de la cour d'Angleterre, qui se révèle parfois dépassé, puis les gens l'admettraient mal aujourd'hui. En revanche, ils sont pour un certain protocole, je dirais de bienséance. Non pas un carcan. »

L'emploi du temps de Rainier est très serré. Mais il lui laisse tout de même des loisirs. S'il lui arrive de parcourir « des ouvrages faciles et agréables à lire », le prince préfère en général les distractions de plein air, qui lui permettent de se distraire de ses tâches gouvernementales. Dès qu'il le peut, il passe la journée à pêcher en mer, à bord de son yacht le *Deo-Juvante*. Descendant d'une lignée pluriséculaire de marins, l'héritier des Grimaldi restera toujours un amoureux du grand large, comme il le confiait encore en 1993 au magazine *Paris Match* : « [C'est] la griserie de l'évasion complète. C'est le seul endroit où l'on éprouve une telle sensation. C'est aussi une bonne leçon d'humilité, car on réalise que la mer fait de vous ce qu'elle veut. »

Féru de zoologie, Rainier commence à rassembler une véritable ménagerie, sur les terrasses qui s'étagent sur les pentes sud-ouest du Rocher. Les bêtes sont pour lui une passion, qu'il partage avec sa mère et sa sœur : « Depuis le temps où, enfants, nous étions entourés de ribambelles de souris blanches et de tortues. » Aussi n'hésitera-t-il pas à dire : « Je crains qu'un homme, même de nos amis, ne puisse que très exceptionnellement donner autant de lui-même, sans arrière-pensées, qu'un animal. »

Son Altesse Sérénissime soigne personnellement ses pensionnaires : deux autruches, trois chimpanzés, quelques babouins et crocodiles, qu'il est allé chercher en Guinée. Le roi du Maroc lui fait cadeau de deux lions et le souverain de Thaïlande d'un éléphanteau, qu'il ne peut élever, faute de place !

Le centre d'acclimatation est ouvert à la visite en 1954. Non content de cela, Rainier recueille, dans le parc de son château de l'Aisne, les animaux rachetés à un cirque en faillite. « J'adore à tel point les bêtes que j'ai gardé dans ma propriété de Marchais une femelle rhinocéros. Je rentrais dans sa cage sans qu'elle ne me dise rien. J'ai aussi une tigresse blanche qu'il m'arrive de promener en la tenant en laisse. J'aurais aimé être dompteur. Ce métier m'aurait permis de réunir deux de mes passions : les animaux et le cirque. »

On ne sait pas si, à Marchais, chameaux, dromadaires, bisons et rhinocéros faisaient bon ménage avec les innombrables chiens de la princesse Charlotte...

Les voitures constituent une autre des grandes passions de Rainier. « Lorsque j'étais gosse, se souviendra-t-il, le monde des voitures me captivait. Je possédais déjà une collection de modèles réduits, des Dinky Toys. Bien plus tard, j'ai pu assouvir mon rêve d'enfant et m'offrir ma première vraie automobile ancienne, une De Dion-Bouton de 1903. » Depuis plus de quarante ans, il s'est constitué l'un des plus beaux parcs de voitures de luxe, sur lequel il veille jalousement et qu'il répare à l'occasion.

Quelques-uns de ses plus beaux fleurons en sont une Rolls Silver Cloud de 1956, une Hispano-Suiza de 1934, sans oublier plusieurs Cadillac rutilantes. On y trouve aussi la Floride offerte à la princesse Grace lorsqu'elle a visité les usines Renault, en 1959, ainsi que le taxi londonien dont elle se servait pour effectuer ses courses dans Monaco. Aujourd'hui, la collection princière, riche d'une centaine de véhicules, est présentée au public dans un vaste hall, près des terrasses de Fontvieille.

« Je ne me suis pas contenté de faire apporter là les voitures, explique Rainier. J'ai tenu à les placer moi-même, selon un ordre et des critères qui me correspondent. »

Tel Louis XVI, le prince adore aussi le travail manuel, en particulier la menuiserie et la ferronnerie. Il est très fier d'un petit canon de cinq kilos qu'il a lui-même fondu et tourné à l'âge de quinze ans. Plus tard, dans sa propriété de Roc-Agel, il s'installera un atelier, où il réalise des sculptures de boulons et de métal. Comme la navigation, le travail manuel l'apaise : « Lorsque je sors d'une journée passée sur des dossiers, je n'ai pas envie de prendre un livre. J'ai besoin de bouger, de façonner le métal ou de prendre la mer. »

En quelques mois de règne, Rainier III amorce un nouveau style d'exercice du pouvoir. Chef du plus petit État du monde – si l'on excepte le Vatican – il entend imposer sa note dans le concert universel. Dès 1949, Monaco adhère à l'Unesco, en 1950 à Interpol et en 1953 au Comité international de la Croix-Rouge.

Le marasme de l'après-guerre est vite surmonté. À partir de l'été 1952, l'armateur grec Aristote Onassis, s'intéresse à la principauté. Afin de fuir la fiscalité française, il y établit le siège de sa compagnie, l'Olympic Maritime. En sous-main – mais avec l'accord de Rainier –, il ne tarde pas à s'emparer de la majorité du capital de la Société des bains de mer. Il donne un second souffle à l'entreprise presque centenaire. Le casino prend des airs de petit Las Vegas : la roulette y côtoie maintenant des tables de craps – un jeu de dés yankee – et de bruyantes machines à sous.

Dans *Le Monde* daté du 2 juillet 1953, Jean Couvreur s'interroge : « M. Aristote-Socrate Onassis sera-t-il le Périclès d'un nouvel âge d'or ? Méritera-t-il le titre de “prince de Monte-Carlo”, que l'on donna jadis à un autre maître de la SBM ? » En d'autres termes, sera-t-il un nouveau Basil Zaharoff ? Le journaliste évoque les inquiétudes des sceptiques qui « craignent que sous cette belle façade de beaux projets, l'armateur ne songe plus à ses affaires qu'à celles de Monte-Carlo ». L'avenir leur donnera raison.

De son côté, Rainier s'entoure d'une équipe de technocrates chargée du développement de la principauté : Arthur Crovetto, secrétaire d'État, directeur du cabinet du prince et conseiller aux finances, César Solamito, conseiller privé, Pierre Rey, administrateur des biens de la couronne et Raoul Pez, sans fonction officielle mais très influent, qui avait été son condisciple à Montpellier. Dans ce but, un établissement financier privé, la Société monégasque de banque et de métaux précieux, draine officieusement les avoirs de l'État.

Le prince est avide de faire accéder son pays à la modernité, comme il l'expliquera en 1999 à Jean des Cars : « Les plus grandes difficultés – et elles sont nombreuses – étaient presque toutes issues de la situation de l'après-guerre, le retard pris dans l'équipement et l'adaptation de la principauté dans bien des domaines. Les atouts principaux étaient : la jeunesse, l'enthousiasme et l'ambition de rattraper ce retard, en améliorant l'image et le renom de la principauté. »

« Quels soucis peuvent donc nourrir, au printemps d'un règne qui s'annonce si prospère, un sujet de Son Altesse Sérénissime Rainier III ? » s'enthousiasme *Le Monde* en 1953. Deux ans plus tard, le scandale éclate. La Société monégasque de banque et de métaux précieux, qui a réalisé des placements hasardeux, est victime d'un krach retentissant. Le pot aux roses est découvert, et le peuple monégasque s'aperçoit qu'un milliard d'anciens francs appartenant au Trésor ont été engloutis.

Le 30 juin 1955, le Conseil national place le souverain devant l'alternative suivante : soit ses membres démissionnent collectivement, soit le prince renvoie ses quatre conseillers. Rainier décide, contraint et forcé, de se séparer de ses collaborateurs. La crise a souligné un dysfonctionnement d'un pouvoir politique trop personnel et par trop solitaire.

VII

La romance avec Grace

Dans *Le Monde* des 1er-2 juillet 1953, Jean Couvreur avait posé le « dilemme » monégasque en termes clairs : « Ou la nation vivra avec sa dynastie, ou elle s'éteindra avec elle. Et la dynastie pour le moment c'est Rainier III. On conçoit que pour tous les Monégasques la personne de leur prince soit deux fois sacrée. »

Après quoi le journaliste rappelait à demi mots que l'aventure avec Gisèle Pascal était d'ores et déjà de l'histoire ancienne : « Le prince n'est pas misogyne, et le cœur de Rainier III – ce n'est un mystère pour personne –, a longtemps battu pour une belle et intelligente jeune femme que le théâtre et le cinéma ont placée à leur premier rang. Rien de plus attendrissant pour commencer que ce déjeuner de soleil et de Côte d'Azur. Mais où cela nous menait-il ? "Pas de mariage possible !" déclarèrent les augures, qui s'apercevaient un peu tardivement que le dernier des Grimaldi s'était engagé dans une impasse. Était-ce simplement parce que sa ravissante partenaire n'était pas de sang royal ni princier, pas même d'origine noble ? Rien de moins sûr. Les

Monégasques, bien que pourvus de sagesse mais heureusement démunis de préjugés, ne se fussent sans doute pas arrêtés à ces raisons. Mais on ajoutait – et c'était autrement grave –, que Bérénice pouvait tout donner à Titus, sauf un héritier. L'émotion causée par cette nouvelle fut considérable. L'âme de Monaco s'assombrit. Le cœur du prince se serra. Et ce fut, plus qu'un conflit cornélien, une tragédie de Racine sur le Rocher. »

Or, « la grande affaire » pour Rainier, c'est de « donner des fils à l'État ». En effet, l'avenir de Monaco « dépend dans une large mesure des dispositions de Rainier III. Épousera-t-il ? Et qui ? Dans le monde entier des journaux ont posé la question, donné des réponses. » Cependant, le palais garde obstinément le silence : « On vous étouffe d'exquises politesses. On vous assassine de sourires navrés mais impuissants, de regrets sincères mais stériles [...]. Ainsi le palais ne sait rien de ce que beaucoup de gens savent, ou croient savoir, à Londres, à Rome ou à Bruxelles. Après tout, il se peut que la vérité ne se trouve nulle part et que le cœur de Rainier, opéré à chaud, ait besoin de quelques semaines de convalescence. »

Le reporter du grand quotidien du soir n'a pas tort. Au lendemain de sa rupture avec Gisèle Pascal, Rainier III, adoré et adulé par ses sujets, reste sur le plan sentimental un cœur à prendre. Dans une interview au magazine américain *Collier's*, il brosse le portrait de l'épouse idéale : « Je fais ce rêve d'une jeune femme aux cheveux blonds, au teint clair, féminine et gracieuse. La vie d'un célibataire est solitaire, vide. » On croirait déjà le portrait de Grace...

En attendant, les revues spécialisées s'amusent à le fiancer à toutes les princesses catholiques de son âge. On prononce plus souvent le nom d'Isabelle de France, fille aînée du comte de Paris. À moins que ce soit celui de Maria-Pia de Savoie, dont le père a été, en 1946, Umberto II d'Italie, l'éphémère « roi de mai ». L'élue pourrait être quelque princesse belge, ou encore une certaine nièce du pape Pie XII, nantie d'une dot d'un milliard de francs. Or, Rainier tient avant toute chose à faire un mariage d'amour.

C'est alors qu'intervient, dans l'histoire monégasque, un curieux personnage. Le père J. Francis Tucker, oblat de Saint-François de Sales, a été nommé par Rome curé de Saint-Charles et aumônier du palais. Est-ce cet exubérant prêtre, originaire du Delaware, qui donne l'idée au prince de se marier avec l'une de ses jeunes compatriotes catholiques ?

Car la Providence semble bien faire les choses. En mai 1955, une des stars de Hollywood, Grace Kelly, qui vient de recevoir un Oscar pour *Une fille de la campagne*, doit assister au Festival de Cannes. Le grand reporter de *Paris Match*, Pierre Galante, va se faire l'instrument du destin. Rainier le surnommera d'ailleurs « Monsieur Cupidon » !

Un mois plus tôt, Galante a épousé l'actrice américaine Olivia de Havilland, avec laquelle il se rend sur la Riviera pour le huitième Festival international du film. Le récent mariage de Rita Hayworth et d'Ali Khan est encore dans toutes les mémoires. Avant de partir, Galante a confié à son directeur, Gaston Bonheur : « Grace est le rêve de tous les hommes. Rainier celui de toutes les femmes. Ils sont tous les deux célibataires. Ce serait formidable de les réunir sur une photo. » À quoi Gaston Bonheur avait ajouté, sur le ton de la boutade : « Si jamais ça marche, demandez-leur s'ils sont d'accord pour se marier ! »

Le secrétaire particulier du prince, Charles Ballerio, se montre favorable à une rencontre. Rainier – promotion touristique oblige – est disposé à faire visiter son palais à Grace. Cependant, d'ordinaire réticent à ce genre de publicité, il semble avoir donné son accord en raison de l'insistance du père Tucker.

Avec la complicité d'Olivia – qui, elle aussi, s'exclame : « quel beau mariage cela ferait ! » – et de Gladys de Segonzac, directrice de la maison de couture Schiaparelli, amie de Grace, Pierre Galante parvient à circonvenir également l'actrice. D'abord hésitante, Grace finit par lâcher un timide « pourquoi pas ? ». Elle a déjà visité Monaco l'année précédente, lors du tournage de *La Main au collet*, mais elle n'a jamais rencontré Rainier.

Curieusement, trois mois auparavant, le 3 février, le prince a reçu, dans des conditions analogues, une étudiante de Chicago. Cette Joan Stork, rêvant de découvrir la Riviera, avait travaillé comme serveuse dans un restaurant pour se payer le voyage. Le « conte de fées » de Joan a fourni quelques entrefilets aux journalistes à court d'imagination. On peut y lire que le prince lui fit les honneurs de son palais, de son zoo et de sa nouvelle voiture de sport, avant de boire une coupe de champagne avec cette Cendrillon de l'Illinois, et de lui offrir une pièce d'or à son effigie.

Malgré cette « répétition » générale, la rencontre avec Grace Kelly manque de se solder par un échec. Le secrétariat du prince a fixé un rendez-vous le 6 mai à seize heures. Or Grace doit absolument être rentrée à Cannes pour dix-sept heures trente. Il lui faut en effet assister à la réception officielle de la délégation américaine, qu'elle préside. Pierre Galante rappelle le palais qui accepte d'avancer l'entrevue d'une heure.

Le jour dit, Cannes est paralysée par une panne d'électricité ! Puis Grace ne parvient pas à dénicher un chapeau assorti à sa robe corolle de soie noire à grosses fleurs roses et vertes, la seule qui ne soit pas trop froissée. Le protocole princier interdit qu'elle se présente les cheveux découverts ! En désespoir de cause, l'actrice finit par s'improviser un serre-tête garni de marguerites artificielles afin de tenir son chignon.

Sur la route, la flamboyante Studebaker dans laquelle Grace a pris place manque d'avoir un accident. Arrivée à Monte-Carlo, la jeune femme, qui n'a pas déjeuné, demande que l'on s'arrête à l'hôtel de Paris pour avaler un sandwich. Au Palais, enfin, Rainier brille par son absence. Son aide de camp, le colonel Séverac, explique que le prince, retenu par une réunion de gouvernement, sera quelque peu en retard.

Grace paraît de plus en plus fébrile. Elle vérifie sans cesse son maquillage dans le petit miroir de son poudrier. Elle multiplie les questions : « Comment dois-je appeler le prince ? Parle-t-il anglais ? Quel âge a-t-il ? Veut-il vraiment que je lui fasse une révérence ? »

Les minutes passent. La vedette, lassée d'attendre, commence à s'impatienter : « Il me semble que c'est très impoli de sa part de nous laisser languir ainsi. Sortons d'ici ! » Alors qu'elle s'apprête à rentrer à Cannes, une Lancia décapotable déboule en trompe dans la cour du palais. Le prince en sort, essoufflé, intimidé, bredouillant des excuses.

Cependant, le charme opère immédiatement. Du premier regard, il est envoûté. Grace et son cicérone visitent les jardins puis la ménagerie, où le prince, devant l'actrice admirative, passe le bras entre les barreaux d'une cage pour caresser un tigre, présent de l'empereur d'Annam Bao-Daï.

« Elle a une attitude qui en dit déjà long sur ses sentiments, se souviendra Pierre Galante. Elle frémit d'appréhension devant tant de témérité. Et le reporter ajoutera : “Tout à coup, sans comprendre pourquoi, nous nous sommes sentis gênés, comme des témoins indiscrets.” »

Née le 12 novembre 1929 à Philadelphie, Grace Patricia est la fille de John Brendan – alias Jack – Kelly, qu'on surnomme aussi « le roi de la brique ». Jack Kelly est l'exemple typique du *self made man*. Le grand-père de Grace, garçon de ferme dans le comté de Mayo, a quitté l'Irlande en 1867 pour chercher fortune aux États-Unis. Il a monté un petit cabinet d'assurances et a eu dix enfants. Quant à Jack, il a d'abord travaillé dans l'entreprise de maçonnerie de son frère aîné, avant de créer sa propre affaire et de devenir millionnaire.

Sportif de haut niveau, Jack Kelly connaît son heure de gloire aux Jeux olympiques de 1920, à Bruxelles, où il remporte la médaille d'or en aviron. Ses ambitions politiques ne seront pas couronnées du même succès. Candidat démocrate en 1935, il ne parvient pas à s'emparer de la mairie de Philadelphie. Auparavant, en 1924, Jack a épousé une jeune fille d'origine allemande, Margaret Mayer. Catholique comme son mari, « Ma Kelly » partage également son goût de l'effort. Elle sera la première femme à enseigner l'éducation physique à l'université de Pennsylvanie.

Grace Patricia a un frère et une sœur aînés. Une petite dernière surviendra quatre ans après sa naissance. Les enfants Kelly sont élevés sous le triptyque : travail, volonté, honnêteté. Leurs parents les entourent d'une réelle tendresse, mais sans les gâter. L'énergie, la résolution, la discipline et l'optimisme sont les maîtres mots d'une éducation à la fois austère et privilégiée, et dont l'unique objectif semble être la réussite personnelle. À la maison, Grace, comme son frère et ses sœurs, doit faire son lit, balayer sa chambre. Les filles apprennent à tricoter, broder, cuisiner.

Le visage carré, très myope, souffrant souvent de rhumes, d'asthme ou de maux de gorge, Grace ne paraît pas la plus douée de la famille. Moins sportive que les autres, elle possède toutefois un sens artistique aigu et, dès son plus jeune âge, il émane d'elle une étonnante tranquillité intérieure. Au couvent des sœurs de l'Assomption, puis à l'école Sevens de Germantown, Grace se montrera une élève moyenne. Mais, très tôt, elle s'est tracée une voie. Cette jeune bourgeoise de famille aisée, timide et réservée, veut monter sur les planches ! Après un moment de surprise, Jack Kelly accepte, à condition que sa fille soit la meilleure.

En 1947, à l'aube de ses dix-huit ans, Grace passe l'examen d'entrée à l'Académie des arts dramatiques de New York, alors installée au Carnegie Hall. Ses notes de réception sont plutôt flatteuses : « Voix : non placée. Tempérament : sensible. Spontanéité : très fraîche. Instinct dramatique : expressive. Intelligence : bonne. Remarques générales : bien, pleine d'avenir et de jeunesse. »

Durant deux années, la très sage apprentie comédienne loge à l'hôtel Barbizon, une pension pour jeunes filles seules, où aucun mâle n'a accès, sauf le médecin en cas d'extrême urgence. D'une beauté idéale, les cheveux d'or et le teint éclatant, un sourire sublime et les dents parfaites, Grace commence sa carrière en posant pour des photos de mode et de publicité. En 1949, elle décroche son premier rôle à Broadway dans *Le Père*, une pièce de Strindberg.

À l'époque, le style « vamp » domine le cinéma américain. Blondes décolorées ou rousses flamboyantes à la poitrine avantageuse, aux lèvres purpurines, font les délices du technicolor. Grace Kelly représente l'antithèse de ce genre de star. Elle porte des tailleurs de tweed, des gants, des lunettes pour corriger sa myopie, et des chaussures pour pieds sensibles. Elle ne cherche pas à tout prix à devenir riche – elle l'est déjà –, et n'entend pas défrayer la chronique. Aux yeux de millions de spectateurs, elle va incarner les vertus de l'Amérique profonde.

Cela, le réalisateur Fred Zinnemann le comprend immédiatement. Il donne à Grace sa première chance dans son film *Quatorze heures*, en 1951. L'année suivante, elle triomphe avec Gary Cooper dans *Le train sifflera trois fois*, du même Zinnemann. Grace y interprète une jeune femme pure et fragile, au milieu d'une ville de l'Ouest où règne la violence.

Dès lors, le succès ne se démentira plus, pendant les six années d'une carrière aussi fulgurante qu'éphémère. En 1953, Grace tourne *Mogambo*, en Afrique, avec Clark Gable. Dans *Les ponts de Toko-Ri* de Mark Robson, elle a pour partenaire William Holden qui, ébloui, déclarera : « Elle nous aide à croire à la dignité innée de l'homme. » Puis vient *L'Émeraude tragique* d'Andrew Marton avec Stewart Granger. *Une fille de la campagne* de George Seatton – de nouveau avec Holden et Bing Crosby – lui vaudra l'Oscar 1955 d'interprétation féminine.

Alfred Hitchcock trouve également en Grace Kelly son actrice préférée, admirant « ce feu » qui, selon lui, « brûle sous la glace de la froide Irlandaise ». En 1972, le maître du suspense, évoquant celle qui est devenue la princesse Grace, lui rendra cet hommage : « C'est une femme de cœur, très intelligente, et ce n'est pas sans raison que j'ai tourné trois films avec elle. Et croiriez-vous que cette femme, apparemment si froide, cache un volcan de sensibilité, d'érotisme et de passion ? Personne ne le croyait avant de voir mes films. [...] La pauvre Marilyn Monroe, la pauvre Brigitte Bardot portaient leur sexe sur la figure, il n'y a rien de plus mauvais goût ni de plus ennuyeux. Le sex-appeal de Grace Kelly est bien plus complexe, on ne le ressent pas d'emblée, mais il existe. » La future princesse a inventé l'érotisme distingué...

Sous la direction de Hitchcock, Grace sera l'héroïne de trois chefs-d'œuvre. Dans *Le crime était presque parfait*, elle est confrontée à Ray Milland, mari machiavélique qui tente de la faire assassiner, puis parvient à ce qu'elle soit condamnée à mort. *Fenêtre sur cour* révèle une Grace Kelly sensuelle, amoureuse d'un James Stewart qui assiste, impuissant, à un meurtre commis dans l'immeuble voisin. *La Main au collet*, enfin, en 1954, a pour cadre la Côte d'Azur. Certaines scènes de poursuite sont filmées sur la Grande corniche, en surplomb de Monaco, non loin de l'endroit où Grace, une trentaine d'années plus tard, sera victime d'un accident fatal.

« Je ne sais pas pourquoi les hommes m'aiment. Je suppose que c'est parce que je suis une fille », répond un jour Grace, non sans humour, à un journaliste qui l'interroge sur les secrets de sa séduction. À la différence de la plupart des vedettes de Hollywood, la future princesse de Monaco est restée terriblement discrète sur ses coups de cœur. Si la presse lui a prêté plusieurs idylles avant son mariage, ces amours en demi-teintes ont toujours paru auréolées de mystère.

« Nous vivons dans un monde terrible, se plaignait-elle. Nous ne pouvons garder de secrets. Un homme vous baise la main et cela fait la première page. Il ne peut vous dire qu'il vous aime sans que le monde entier le sache. » Ainsi, l'acteur français Jean-Pierre Aumont, que Grace a connu à ses débuts, aurait rêvé de l'épouser. De même qu'Oleg Cassini, un célèbre couturier new-yorkais, ex-mari de Gene Tierney.

Pourtant, tous ceux qui ont pu être ses soupirants admettront leur défaite avec élégance. Ses amis seront unanimes à se réjouir de son union avec Rainier. À la nouvelle des fiançailles, James Stewart, que Grace a su troubler dans *Fenêtre sur cour*, s'exclame : « Je me serais étranglé si Grace avait fait quelque chose qui ne lui ressemblât pas. Si elle avait épousé l'un de ces pantins de Hollywood, j'aurais formé un Comité de vigilance. »

Bon perdant, Jean-Pierre Aumont confiera, dans son livre de souvenirs *Le Soleil et les Ombres* : « J'ai toujours pensé que Grace était née pour être une princesse. Elle en avait l'allure, les qualités de charme et d'endurance, et cette mystérieuse aura qui permet aux contes de fées de se réaliser. »

Car Rainier, comme tous les autres, a été subjugué. Il ne cache pas ses sentiments au père Tucker : « Le prince ne pouvait pas s'empêcher de me parler de Grace. Chaque fois que je le rencontrais, il se laissait aller à de petites exubérances et m'adressait sans cesse des notes où il était toujours question de la visiteuse. » Le prêtre, qui n'a pas encore rencontré l'actrice, lui adresse néanmoins quelques lignes chaleureuses : « Je veux vous remercier d'avoir montré au prince ce que peut être une Américaine catholique et pour la profonde impression que vous lui avez laissée. »

Cette « impression », Rainier n'a pas manqué de l'exprimer lui-même en écrivant à Grace, la priant de l'excuser pour son retard et lui exprimant sa joie de l'avoir reçue à Monaco. La jeune femme répond. Plusieurs lettres sont échangées, et aussi quelques coups de téléphone. Comme par hasard, des amis intimes des Kelly, les Austin, se trouvent durant l'automne, en vacances à Monaco. Grace a parlé de Rainier à « Ma Kelly » : « Il a été extrêmement charmant, mais je trouve qu'il est timide pour un prince. »

Rainier sait pourtant surmonter sa réserve. Flanqué de l'indispensable père Tucker et d'un ami médecin, le docteur Robert Donat, il débarque le 15 décembre 1955 aux États-Unis. Le prétexte officiel est un bilan de santé. En réalité, l'habile chapelain a pris contact avec le père Cartin, confident des Kelly, et organisé une rencontre.

Rainier rejoint Grace à Ashville, en Caroline du Nord, où elle tourne *Le Cygne*, avec Alec Guinness et Louis Jourdan. Ce film, réalisé par Charles Vidor, raconte justement l'histoire d'une ravissante héritière dont la mère veut lui faire épouser le prince Albert... de Ruritanie ! Rainier et Grace ont une longue conversation en tête à tête, avant d'aller passer ensemble les fêtes de Noël à Philadelphie, chez les Kelly.

« Nous étions évidemment tous un peu nerveux, se souvient Lizanne, la sœur de Grace. Fallait-il dire au prince “Votre Altesse” ? Fallait-il lui faire la révérence ? “Appelez-moi Rainier”, a-t-il dit après avoir franchi le pas de la porte. Il m'a paru très beau et un peu farouche. [...] Le dîner fut gai et chaleureux. Le prince était assis à côté de ma sœur. Au début, ils étaient tous les deux un peu timides, mais au fil des heures ils se sont détendus. »

Rainier reste deux jours l'invité des Kelly. Le 27 décembre, de retour à New York, le prince se fiance à l'étoile. Lizanne s'avouera stupéfaite : « Je ne suspectais rien encore. Il était facile de constater qu'ils étaient bien ensemble, mais j'ignorais à quel point c'était sérieux. Je n'ai rien soupçonné jusqu'à ce que Grace déclare : “Lizzie, je vais me marier.” J'en suis restée bouché bée. »

Rainier lui a simplement demandé : « Veux-tu m'épouser ? » et Grace a répondu oui avec une égale simplicité. À ceux que pourrait surprendre une telle précipitation, Rainier se contentera de rétorquer : « Le mariage a quelque chose d'un pari, mais lorsque j'ai demandé la main de Grace j'en étais arrivé au point où je me sentais certain de gagner ce pari. » Et le prince ajoutera : « Le spectacle de la famille Kelly contribua d'ailleurs à confirmer cet instinct. [...] Le père était absolument le patron. J'aimais cela. C'est comme ça que je voulais que soit mon mariage. »

Dans le message de fin d'année qu'il adresse à ses sujets par-delà l'océan, Rainier exprime un bel optimisme. Sans évoquer encore son prochain mariage, il sait déjà que celui-ci va effacer toute trace du scandale financier qui vient de secouer Monaco : « Que cette fête de Noël, qui est celle de l'espérance, ait pour vous, comme elle a pour moi, cette signification profonde de confiance en l'avenir de la principauté. Que la principauté s'embellisse et prospère dans une ambiance de calme et de concorde. Que cette année nouvelle efface les erreurs passées et que Dieu continue à nous marquer sa préférence en nous guidant et en nous protégeant durant l'année 1956, comme il l'a toujours fait. »

La première apparition publique du couple a lieu le 4 janvier, au Stork Club de New York. Mais le secret reste bien gardé. Les fiançailles ne seront officiellement annoncées que le lendemain. Le jour suivant, Rainier et Grace sont les invités d'honneur d'un somptueux gala de charité au Waldorf Astoria. Le thème de la soirée est particulièrement bien choisi, puisqu'il s'agit d'« Une nuit à Monte-Carlo ». Les journalistes sont surexcités. Il en sera de même, quelques jours plus tard, lors d'une séance photo organisée chez les Kelly.

«Ça a été comme ouvrir la porte à une meute d'oies, rapporte Lizanne. Il y en avait partout, perchés sur les chaises, les tables, se poussant les uns les autres... Un véritable désastre. On aurait pu croire que la maison avait été ravagée par un ouragan. » Les reporters interpellent Rainier, peu habitué à tant de familiarité : « Hé ! prince, embrassez-la ! » ou encore « Alors, prince, le coup de foudre ? »

Les Américains sont enchantés d'apprendre la nouvelle, mais certains s'inquiètent de voir Grace épouser « le prince du Maroc ». En effet, Maroc se prononce en anglais « Morroco », ce qui ressemble – avec l'accent nasillard de l'oncle Sam – à « Monaco ».

Les contraintes inhérentes à ce genre d'union princière seront moins idylliques. Tout d'abord Grace doit se rendre dans une clinique privée, sous la conduite du docteur Donat, afin de soumettre à des tests de fertilité. L'avenir des Grimaldi est en jeu. Il y a ensuite les tractations financières. Le « roi de la brique » verse une dot de deux millions de dollars. Il assurera en outre à sa fille une rente confortable.

Selon le contrat qui la lie à la Metro Goldwin Mayer, Grace doit encore tourner *Haute société*, où elle campe une jeune fille de bourgeoisie américaine, prise dans un triangle amoureux, le jour de son mariage, avec son ex-époux chanteur de jazz et un paparazzi avide de couvrir l'événement ! En revanche, la compagnie renonce à obliger Grace de faire un dernier film – *Designing Woman*. En échange de quoi elle obtient l'exclusivité cinématographique des noces monégasques.

Malgré ces marchandages assez sordides, il est évident que Rainier et Grace sont très sincèrement épris l'un de l'autre. En gage de sa flamme, le prince a fait présent à sa fiancée d'un double anneau orné de diamants et de rubis, aux couleurs de Monaco. Il lui offrira ensuite sa véritable bague de fiançailles : un magnifique solitaire bleuté de douze carats taillé en émeraude. Grace la porte, dans les premières semaines de 1956, alors qu'elle commence, à Hollywood, le tournage de *Haute société*. Dans cette comédie musicale, elle est entourée par Frank Sinatra et Bing Crosby. Ce dernier y chante *True Love*, « amour vrai », en duo avec la future princesse.

Le jeune souverain, rejoint par son père le prince Pierre, va passer quelques jours avec sa fiancée à Los Angeles, avant de regagner l'Europe. Pour sa part, Grace, après le dernier coup de manivelle de *Haute société*, fait ses adieux au septième art à l'occasion de la cérémonie des Oscar. Elle remet celui du meilleur acteur à Ernst Borgnine.

VIII

Une vraie famille

La lune de miel, qui a conduit Grace et Rainier de la Corse aux Baléares en passant par les rivages d'Espagne, s'achève au mois de juillet. La princesse est déjà enceinte. Le 2 août 1956, Rainier annonce à son peuple l'heureuse nouvelle et il dessine l'avenir : « Les projets d'équipement et de développement de la principauté, qui ont reçu mon entière approbation, n'ont rien de déraisonnable, d'imprudent ou de contraire aux intérêts supérieurs de notre pays. Ils répondent à des besoins nouveaux engendrés par une évolution normale et souhaitable pour l'économie générale de la principauté. [...]

» L'avenir ne se fait pas tout seul, il ne suffit pas seulement d'y croire, il faut le construire, l'orienter et l'adapter. On fait son avenir après l'avoir choisi. Je vous demande de me faire confiance quant au choix que j'ai fait pour l'avenir de Monaco, en vous souvenant que la principauté n'a existé, n'a survécu et ne se maintiendra que par le prince souverain dans la plénitude de ses pouvoirs intacts. »

En septembre, le couple se rend à New York, où la princesse clôt définitivement le chapitre de son existence passée. Ces premiers temps à Monaco sont difficiles pour elle, qui se sent seule et maîtrise encore mal le français : « Je quittais tout, un pays, une famille, une langue, un métier. Je repartais de zéro, se souviendra-t-elle. Pendant la première année, j'ai perdu mon identité parce que je n'avais pas les moyens de recharger mes batteries. J'avais laissé mon mari, mon travail, absorber ma personnalité. C'était une erreur. »

Habituée aux feux des sunlights et à l'adulation des stars, elle souffre avant tout de solitude. Rainier, accaparé par les affaires du gouvernement, ne peut lui consacrer autant d'attention qu'il le souhaiterait. Quant aux vieilles familles monégasques, elles ont tendance à « snober » cette Américaine de trop fraîche extraction, que certains comparent déjà à Alice Heine, la seconde épouse d'Albert Ier.

« Elle est arrivée avec des idées claires, soulignera Rainier. Tout de suite, elle a porté des jugements remarquablement lucides sur les gens. Mais, en même temps, je crois que personne ne peut mesurer à quel point ce fut dur pour elle : le mal du pays, la séparation d'avec ses amis, une nouvelle vie dans un pays inconnu. »

Certains journalistes américains s'étaient insurgés de voir une star de Hollywood tout quitter pour aller s'enterrer « dans un casino ringard ». Quelques-uns avaient même pronostiqué : « Ce mariage ne durera sûrement pas plus longtemps que celui de Rita Hayworth et du prince Ali Khan. Comment Grace Kelly accepterait-elle d'être réveillée dans son lit à baldaquin par les visiteurs du château historique ? »

Les grands appartements du palais Grimaldi que découvre Grace se déclinent en une palette de teintes et de styles.

Précédant la salle du Trône, le salon Bleu, aux harmonies d'azur et d'or, se divise en deux parties, délimitées par trois arches dessinant un plafond orné de fresques pompéiennes. Deux grands portraits de Louis XV et de Marie Leczynska par François Stiémart posent un regard protecteur sur plusieurs membres de la famille Grimaldi, dont la fameuse princesse Caroline, épouse de Florestan Ier, à laquelle on doit l'idée du casino de Monte-Carlo.

La chambre Louis XIII – où couchera Angelo Roncalli, le futur pape Jean XXIII –, s'enorgueillit de ses chefs-d'œuvre attribués au Titien et à Holbein. Par une porte de bois peint du XVIIe siècle, elle s'ouvre sur le salon Mazarin, qui perpétue le souvenir du mariage malheureux d'Honoré IV avec Louise-Félicité-Victoire d'Aumont, arrière-petite-nièce du cardinal, à la veille de la Révolution.

La chambre Louis XV et son salon Jaune recréent une atmosphère douillette et raffinée, dédiée aux dames de qualité, au temps de la douceur de vivre... Quant à la chambre d'York, malgré son alcôve dorée évoquant les fastes du Roi-Soleil, elle doit son nom à un sombre épisode de l'épopée monégasque. C'est là en effet que s'est éteint, le 17 septembre 1767, au terme de deux semaines d'agonie, le jeune prince Edouard d'Angleterre, duc d'York et frère de George III, sans que l'on ait su les raisons de la fièvre qui l'avait terrassé. L'air de la principauté semblait alors funeste aux grands de ce monde. Depuis lors, les choses ont bien changé !

Cinq pièces seulement sont alors réservées à la famille princière. Leur décoration apparaît à la jeune Américaine d'une tristesse à pleurer. Rainier confie à sa femme le soin d'y insuffler de la jeunesse et de la gaieté. Grace est résolue à

« faire entrer le soleil dans toute cette poussière ». Elle prend tout de suite sa tâche à cœur : « Elle a donné un grand coup de bleu à la grisaille des salons d'apparat », reconnaîtra le prince.

En 1964, l'aile sud-ouest, démolie sous le règne d'Honoré V, sera rebâtie pour y abriter le Musée des souvenirs napoléoniens, mais aussi de nouveaux appartements privés. Les plus traditionalistes reprocheront alors à Grace une décoration trop californienne, réalisée avec l'aide du décorateur George Stacey, à grand renfort de plantes vertes et de meubles design. D'immenses baies vitrées donnent sur une piscine au bord de laquelle la famille déjeune à la belle saison.

Quant aux appartements de réception du palais, Grace se contentera d'en inspirer la décoration florale. Un jour, elle dispose d'énormes bouquets de chrysanthèmes dans la salle du Trône, ignorant que, de ce côté-ci de l'Atlantique, de telles fleurs ornent plutôt les cimetières !

Car la jeune Américaine doit tout découvrir des mœurs des cours européennes. Le majordome du palais – figure intimidante –, et les dizaines de serviteurs qui peuplent salons et couloirs sont là pour lui rappeler les rigueurs d'une étiquette plus exigeante qu'aucune mise en scène de Hollywood. Dans la grande salle à manger, la table peut recevoir trente-six couverts ! Mais Rainier est là pour guider sa jeune femme, avec persévérance et indulgence : « Mon mari fut le meilleur des professeurs, patient, tolérant, sévère parfois. Il m'a tout appris. »

En attendant les aménagements futurs, Grace installe une nurserie dans la pièce que Rainier avait dévolue auparavant... à ses deux lionceaux ! Les murs en sont tapissés de lapins, de chats et d'oiseaux. Et puisque la princesse doit accoucher au palais, une bibliothèque attenante est transformée en « salle de travail ».

Tout au long de la grossesse, Rainier se montrera un époux attentionné. Lorsque la future maman se réveille en pleine nuit, affamée, il se précipite aussitôt vers les cuisines. « Heureusement, le prince réussit à merveille les œufs brouillés ! » plaisante Grace.

Le 23 janvier 1957, voit le jour une petite fille prénommée Caroline-Louise-Marguerite. Un garçon aurait reçu le prénom de Grégoire.

Caroline sera suivie, quatorze mois plus tard, le 14 mars 1958, de l'héritier tant désiré. Albert-Alexandre-Louis-Pierre est descendant d'Otto Canella, l'ancêtre génois des Grimaldi, à la trente et unième génération. Cent un coups de canon saluent le prince héréditaire, titré marquis des Baux.

Dans une allocution radiodiffusée, Rainier exprime son bonheur d'avoir un fils : « Vous vous doutez de mon émotion et de ma très grande joie en vous annonçant que la princesse, mon épouse bien aimée, a donné le jour à un petit prince [...]. Cette joie, je tiens à la faire partager à tous ceux qui vivent sur notre sol, et plus particulièrement aux Monégasques qui forment autour du prince souverain une famille unie dont la communauté de sentiments n'a cessé de se manifester au cours des ans. »

Après ce beau doublé, il faudra attendre presque sept ans pour que vienne au monde une seconde princesse. Entre-temps, deux fausses couches font craindre à Grace de ne plus pouvoir avoir d'enfants. Finalement Stéphanie-Marie-Élisabeth naît le 1er février 1965, à dix-sept heures, toujours dans la bibliothèque du palais.

Les enfants, le foyer familial, tels sont les domaines réservés où Grace a mission de s'illustrer. « Le prince est un méditerranéen, dira-t-elle. Il me tient totalement en dehors de tout ce qui est politique. Pour lui le rôle d'une femme est ailleurs. Je dois bâtir notre foyer, être à la fois l'épouse et la mère. »

Mais la princesse Grace ne se contente pas d'être une mère féconde et une épouse attentionnée – même si le bonheur de son mari et l'épanouissement de ses enfants resteront toujours ses centres d'intérêts prioritaires. Fidèle à son éducation, elle prend avant tout en considération les devoirs inhérents à sa nouvelle dignité. Elle entend seconder efficacement son époux. Sans jamais interférer dans les affaires politiques, cette ambassadrice de charme s'implique avec beaucoup de zèle dans la vie de la principauté.

Ses talents artistiques l'incitent d'abord à se préoccuper de l'opéra de Monte-Carlo. Raoul Gunsbourg – qui avait repris ses fonctions après la défaite de Hitler – vient de s'éteindre à Paris au terme d'une carrière d'un demi-siècle. Grace organise sa succession et suscite un Festival international des Arts. Sous l'impulsion de l'ex-actrice, le bal de la Croix-Rouge et le bal de la Rose s'ouvrent aux vedettes les plus prestigieuses comme aux représentants du Gotha.

Pour toutes ces célébrités de la jet-set, le Rocher devient la « Grace's Place » selon l'expression de l'acteur britannique Dirk Bogarde. La princesse américaine façonne la nouvelle légende de Monte-Carlo. Son ancienne attachée de presse, Nadia Lacoste, raconte : « Depuis les années 1930, il n'y avait plus à Monaco de grandes réceptions. Rainier y avait longtemps vécu en célibataire. Tout à coup, Grace, belle et élégante, a apporté une touche de magie et de féminité à cette cour. Elle a utilisé son nom pour faire rayonner l'image de Monaco à travers le monde. »

Le crooner Frank Sinatra vient chanter devant Liz Taylor, Richard Burton, Maria Callas, Gina Lollobrigida, l'Aga Khan ou le comte de Barcelone. Chaque année, de grands bals – sur les thèmes aussi variés que le « Second Empire » ou les « Scorpions » – servent de prétexte à revêtir de somptueux costumes.

Rainier surmonte sa timidité et ses réticences pour suivre le mouvement. Il finit même par y prendre goût ! Lors d'une soirée présidée par Elsa Maxwell, la redoutable « commère » new-yorkaise, Rainier accepte même de plonger tout habillé dans la piscine de l'hôtel de Paris, affublé d'une perruque et d'une fausse moustache, tandis que Grace le suit, chaussée de palmes !

Ces facéties mondaines ne sont certes pas les seules activités de l'épouse de Rainier. Au fil des ans, elle saura se mettre à l'écoute de tous, acceptant la présidence de nombreux organismes, de la Croix-Rouge monégasque au scoutisme, avec l'Association des guides. Le troisième âge aura pour elle une importance primordiale, mais elle sera également présidente d'honneur de l'Amade, Association mondiale des amis de l'enfance. À Monaco, elle crée – entre cent autres choses – une école de danse classique, un Garden Club pour les passionnés de botanique comme elle, et une fondation en faveur des artistes et artisans, qui porte son nom.

« Dans mon métier, Grace m'a été précieuse, avouera Rainier. Dès les débuts de notre mariage, j'ai admiré sa manière d'analyser les gens. L'intuition d'une femme est beaucoup plus aiguë que celle d'un homme. »

En 1991, dans une émission de télévision consacrée aux Grimaldi, le prince évoquera en ces termes sa compagne disparue : « Elle a apporté un rafraîchissement de l'image de la principauté. Les gens nous ont pris au sérieux. Les Américains se sont aperçus qu'il y avait une princesse américaine. » Face aux problèmes de l'économie monégasque, qui repose encore trop sur le casino, le charme et le professionnalisme de Grace aident à séduire les investisseurs des États-Unis.

L'épouse de Rainier joue également un discret rôle diplomatique. Elle saura séduire le général de Gaulle. En 1961, le président Kennedy lui fera ce compliment : « Vous avez été la reine de l'écran. Vous êtes devenue la plus belle des princesses », tandis que le pape Jean XXIII, paternellement, lui soufflera : « Vous êtes la plus belle de mes filles. »

Grace et Rainier, lorsqu'ils trouvent un moment de répit, aiment se ressourcer en famille. « Rainier n'est pas trop mondain, confie la princesse. Il est heureux à la maison, avec nous. Il apprécie un petit nombre d'amis avec lesquels il peut se détendre, être lui-même. »

L'été, les Grimaldi séjournent dans la maison de vacances des Kelly, à Ocean City, dans le New Jersey. Et l'hiver, toute la famille skie à Gstaad. Dès 1957, Rainier et Grace achètent l'ancienne ferme de Roc-Agel, sur la falaise qui domine Monaco à sept cent cinquante mètres d'altitude, en territoire français. La bâtisse, modernisée et redécorée dans le style provençal, est entourée d'une vaste garrigue plantée de quatre cents arbres fruitiers. Le prince l'appelle son « ranch ». Et son épouse ajoute : « C'est l'endroit où nous refermons la porte sur le monde. »

L'écurie abrite des chevaux toujours prêts pour une promenade. Les enfants montent les poneys. Ils s'amusent avec les animaux de la basse-cour... ou avec l'hippopotame Pollux. Le prince trace les sentiers lui-même au bouteur. Il s'installe un atelier où il se détend en travaillant le fer. À l'heure du déjeuner, il ne laisse à personne le soin d'allumer le barbecue.

Là, Grace peut vivre, elle aussi, sans contrainte. Si le couple ne partage guère de hobbies, l'un et l'autre possèdent un même sens de l'humour. Ils se réunissent aussi dans leur ferveur commune pour les compositeurs classiques, comme s'en souviendra Rainier : « La musique a toujours joué un grand rôle dans notre vie. Nous en écoutions sans cesse. J'aimais l'opéra italien. Grace avait une prédilection pour Bach. Elle en écoutait quand elle peignait ou composait un bouquet de fleurs. »

Son sport favori, la princesse le pratique au Monte-Carlo Golf Club, tout proche, tandis que les enfants profitent de la piscine privée de Roc-Agel. Rainier, bien que plus casanier que ses devanciers, a hérité d'Albert Ier l'amour de la mer. Après le *Deo-Juvante II*, il aura plusieurs autres yachts : le *Costa-del-Sol*, l'*Albercaro*, puis le *Carostefal*. Ces deux derniers noms, aux consonances curieuses, sont formés – selon la mode états-unienne – des premières syllabes des prénoms des enfants princiers : Caroline, Albert et Stéphanie.

Malgré leurs multiples obligations publiques, Rainier et Grace s'efforcent d'être très proches de leurs enfants, avec lesquels ils essaient de prendre chaque matin le petit-déjeuner, sans cérémonie. Le prince, qui n'a pas oublié la revêche Nanny Wanstall, a choisi pour Caroline et Albert une nourrice qui respire le bonheur et la joie de vivre, Maureen King. En 1962, une petite école sera installée à leur intention, dans les murs du palais. Autant que possible, le petit prince et ses deux sœurs sont traités comme des enfants ordinaires :

« Selon moi, témoignera leur gouvernante, ils ne se sont pas aperçus qu'ils étaient différents des autres. »

« Ils formaient une véritable famille, explique Nadia Lacoste. Chaque soir, le prince prenait ses enfants sur ses épaules ou se mettait à quatre pattes pour jouer avec eux. Avant qu'ils ne s'endorment, la princesse leur lisait des contes de fées ou des histoires de princesses ! » Rainier, retenu par les devoirs de sa charge, quitte rarement son bureau avant dix-neuf heures trente. Pour se détendre avec les siens, il a fait aménager l'ancien garage à carosses du palais en salle de projection. Enfants et parents disposent également d'un circuit de train électrique, de plusieurs flippers et d'un bowling.

À l'occasion, Son Altesse Sérénissime n'hésite pas à se déguiser en « tante Léonore », une vieille femme à la voix chevrotante, pour divertir Albert, Caroline et Stéphanie. Une autre fois, le prince organise l'anniversaire du chien Oliver en « invitant » tous les cabots du voisinage.

Il n'est pas question, sur le Rocher, de pratiquer le mode d'éducation rigide en vigueur dans d'autres familles princières européennes. Rainier s'insurge : « Je ne veux pas être un jour, aux yeux de mes filles ou de mon fils, un parfait étranger. » Lui qui n'a pas eu d'enfance, et n'a guère connu la tendresse maternelle, veut que ses enfants l'appellent « papa » et non « Monsieur », comme l'exigeait son grand-père le prince Louis II. Mais s'ils gâtent leurs deux filles et leur fils, ni Rainier ni Grace ne tombent dans les excès de « l'enfant-roi » tout-puissant, à l'américaine.

Très tôt, Caroline révèle un caractère vif et capricieux. Elle épuise sa gouvernante et impose ses quatre volontés à son jeune frère, bien plus sage et plus doux. « Nous nous battions sans cesse comme chiens et chats », confiera-t-elle bien des années plus tard. Leurs parents affirment ne tolérer aucune insolence : « Nous leur avons enseigné les valeurs éternelles, expliquera Grace. L'autorité reflète aussi l'amour que l'on éprouve pour ses enfants. »

Toutefois, Rainier et son épouse ne se montreront pas toujours aussi sévères qu'ils le prétendent, comme le révèle un proche : « Il n'était pas rare qu'Albert et Caroline interrompent leur père au milieu d'une conversation importante, ou encore qu'ils se conduisent comme de vrais petits diables, faisant beaucoup de bruit et courant partout. » Et Rainier sera encore moins sévère à l'égard de Stéphanie, qui usera et abusera de ses privilèges de « petite dernière »...

IX

Un pouvoir contesté

Sur la scène publique, en ces années 1950, Rainier doit faire face à tous ceux qui cherchent à contrecarrer ses desseins. Au Conseil national, d'abord, une opposition, menée par le notaire Jean-Charles Rey, prend de plus en plus d'ampleur. Elle revendique un contrôle des élus sur le budget de l'État.

La session du printemps de 1957 est houleuse. En mai, l'assemblée vote une motion en sept points, exigeant désormais de « connaître et décider des finances publiques dans toute leur extension, avoir à sa disposition tous les éléments d'une comptabilité patrimoniale nationale portant sur toutes les opérations de l'État, recevoir mensuellement du gouvernement un relevé précis, clair, complet de la situation sur le fonds de réserve constitutionnel ».

Les membres de l'assemblée revendiquent également le contrôle de l'aménagement et des grands travaux. Ils veulent enfin être informés et consultés sur les négociations internationales.

Sans que l'on puisse démêler exactement le vrai du faux, il semble bien que la sœur aînée de Rainier, la princesse Antoinette, joue dans cette fronde un rôle occulte. Le 23 octobre 1951, au consulat de Monaco à Gênes, elle a discrètement épousé Alexandre Athanase dit « Aleco » Noghès, de quatre ans son aîné, un tennisman qui s'est distingué à la coupe Davis. Pour la première fois dans l'Histoire, un Grimaldi se marie avec un Monégasque. L'ancêtre de Noghès était en effet commandant de Monaco, à l'époque du protectorat espagnol. La famille s'est enrichie dans la fabrication de cigarettes. Le père d'Aleco, Antony Noghès, a été l'initiateur du Grand Prix de Monaco.

Antoinette, titrée par son frère baronne de Massy, avait déjà trois enfants de son futur mari, avant de convoler avec lui en justes noces : Élisabeth-Ann, Christian-Louis et Christine-Alix, nés respectivement en 1947, 1949 et 1951. D'ailleurs, la princesse divorce dès le 10 juin 1954. Ce genre d'échec matrimonial est monnaie courante dans la saga des Grimaldi...

Le fils d'Antoinette, sous le nom de Christian de Massy, publiera en Angleterre, vers la fin des années 1980, un libelle incendiaire contre les Grimaldi intitulé *Palace*. Cet ouvrage, d'où transpirent la rancœur et la jalousie, pourrait être l'argument d'un *soap opera* à l'américaine, dans le style de Dallas ou de Dynasty. Un seul extrait suffit à en donner le ton : « Je suis entré dans cette famille bizarre [...] héritant de pères qui haïssaient leur fils, de mères qui haïssaient leurs filles, d'enfants qui haïssaient leurs parents, de sœurs qui haïssaient leurs frères, véritable tradition du sang et source de conflits permanents. »

Il est indéniable que l'arrivée de Grace a ravi à Antoinette son statut provisoire de « première dame » de la principauté. Avec élégance, celle-ci s'efface devant la nouvelle princesse, à qui elle adresse publiquement des louanges : « Ma belle-sœur réussit tout ce qu'elle entreprend, déclare-t-elle à un reporter. Pourquoi m'occuperais-je des questions qui la concernent ? »

Mais, certains chuchotent que, dans la coulisse, la sœur de Rainier intriguerait pour se replacer sur le devant de la scène. La question reste à élucider, en dépit des allégations de Christian de Massy qui n'hésite pas à affirmer que sa mère « avait l'intention de destituer oncle Rainier, de se faire nommer régente, puisqu'elle avait un fils qu'elle pouvait mettre sur le trône. »

Quoi qu'il en soit de ses intentions profondes, Antoinette se remariera avec l'ambitieux Jean-Charles Rey, qu'on surnomme familièrement « le roi Charles », le 2 décembre 1961. Ces deuxièmes noces, célébrées au consulat de Monaco à La Haye, revêtent, comme les premières, des allures semi-clandestines. Dans sa vie privée comme au cours des obligations officielles, le couple donne l'image d'un accord parfait. Cependant, cette harmonie est de bien courte durée. Un nouveau divorce sera prononcé en mai 1973.

La vie sentimentale des trois enfants de la princesse Antoinette va se révéler ni plus heureuse ni moins compliquée que celle de leur mère. L'aînée, Elisabeth-Ann, se marie en 1974 au palais princier avec un Suisse, le baron Bernard-Alexandre Taubert-Natta, dont elle divorcera en 1980 après avoir eu un fils, prénommé Jean-Léonard-Rainier-Albert, filleul du prince héréditaire. D'un second mariage, également dissous, avec un certain Nicolai Vladimir Costello, dit

« de Lusignan », est née en 1985 une petite Mélanie-Antoinette.

Christian-Louis de Massy, quant à lui, convola à Buenos-Aires avec une Argentine du nom de Maria-Marta Quintana y del Carril. Cette union, qui subsistera huit ans – jusqu'en 1978 –, donnera le jour à une petite Laetizia de Massy. Comme sa mère, Christian-Louis se remariera encore à deux reprises. Une deuxième fois avec Anne-Michelle Lütken, puis une troisième avec une Guadeloupéenne prénommée Cécile qui lui donnera deux fils : Brice né en 1988 et Antoine en 1996.

Christine-Alix enfin, avait épousé en 1972 un Américain, Charles Wayne Knecht, dont elle se sépara quatre ans plus tard. Elle en eut un fils, Keith-Sébastien Knecht, né à Philadelphie et marié en 1999 à Donatella Dugaginy. Un an avant de mourir prématurément, à trente-sept ans, le 15 février 1989, elle s'était remariée avec Léon Leroy.

Au début de l'année 1983, quelques mois après l'accident tragique qui coûta la vie à la princesse Grace, Antoinette croit trouver enfin l'homme de sa vie. Elle rend publique son intention d'épouser un ami de jeunesse, l'ancien danseur anglais John Gilpin. À soixante-deux ans, la sœur de Rainier tente une ultime fois de conjurer le sort. Et il semble que cette fois est la bonne, qu'elle a enfin découvert l'homme idéal.

La princesse Antoinette connaissait John Gilpin depuis 1949. À l'occasion des fêtes d'intronisation du prince Rainier, le jeune danseur, alors âgé de dix-neuf ans, s'était produit avec les ballets du marquis de Cuevas. Antoinette l'avait tout de suite remarqué : « Quand je le vis sur la scène, mince, blond comme un ange et avec ses yeux bleus, dansant comme s'il avait des ailes, il me sembla que c'était un rêve. » Mais à l'époque, tout les séparait. John poursuivra une carrière artistique fulgurante, aux ballets Roland Petit, puis comme premier danseur et directeur du London Festival Ballet. En 1976, il doit arrêter sa profession à la suite d'une thrombose dans la jambe droite. Pendant tout ce temps, une solide amitié s'était développée entre le danseur et la princesse, une amitié qui s'était peu à peu transformée en un sentiment plus profond.

Ce n'est plus sur une terre étrangère, comme pour ses deux précédents mariages, mais dans le cadre somptueux du salon des Glaces du palais des Grimaldi, en présence de la famille princière, qu'Antoinette de Monaco engage sa foi à John Gilpin, le 28 juillet 1983. Ce bonheur, tempéré par la sagesse de l'âge mûr, semblait devoir être éternel.

Hélas, la malédiction matrimoniale des Grimaldi va s'acharner sur la pauvre princesse. Gilpin succombe à une crise cardiaque, après une lune de miel de quarante jours. C'est une femme brisée par le destin qui lui adresse un ultime adieu, quelques jours plus tard, en l'église Saint-Martin in the Fields à Londres.

Désormais, Antoinette va se dévouer davantage encore aux causes qui lui sont chères : la lutte contre la pauvreté, la défense des animaux, le respect de la nature. Depuis 1987, elle organise à Monaco un congrès sur les médecines non conventionnelles. Présidente fondatrice de la Société protectrice des animaux de Monaco, elle vit dans sa magnifique villa Le Bout du Monde, à Èze, perdue au milieu des pins, et surplombant la principauté. Seule... au milieu de plusieurs dizaines de chats et de chiens.

Le contentieux entre le Conseil national et le prince souverain s'envenime davantage au cours de l'année 1958, lorsque le chef de l'État se voit refuser les crédits pour son projet de Maritinarium, un laboratoire flottant ultramoderne qu'il veut confier au commandant Cousteau. À bout de patience, le 29 janvier 1959, Rainier III lance une proclamation sur les ondes de *Radio Monte-Carlo* : « Depuis un an, par un abus de ses prérogatives, le Conseil national n'a eu d'autres préoccupations dans ses rapports avec moi-même que d'empiéter dans les domaines qui relèvent exclusivement, depuis tout temps, de la compétence du prince souverain. »

Par une sorte de coup d'État légal, il suspend la constitution, dissout le Conseil national, interdit toute manifestation et réunion politiques. En janvier 1961, Rainier III désignera une « assemblée nationale » de douze membres à sa dévotion, afin, dira-t-il, « de rétablir entre notre gouvernement et nos sujets une collaboration efficace qui, en excluant l'éventualité des querelles et des oppositions personnelles, permette l'effacement des intérêts particuliers devant l'intérêt général. »

En tout état de cause, le prince a désormais les coudées franches. Il fonde la Monaco Economic Development Corporation – Société pour le développement économique de Monaco. Financée par l'État, elle est dirigée par son conseiller privé : un jeune homme de vingt-huit ans, Martin Dale, ancien vice-consul des États-Unis à Marseille et à Nice.

Par le biais de cet organisme semi-public, Rainier lance un ambitieux programme d'urbanisme. Des centaines de sociétés étrangères, alléchées par le régime fiscal de la principauté, y domicilient leur siège social. Monaco prend alors des allures de Hong-Kong européen. Dès 1953, l'immeuble

Héraklès, quai Albert-Ier, a atteint les quinze étages. Il est bientôt rattrapé par les vingt-trois étages du Sun Flower, puis par les vingt-six du Château-Périgord.

Le 23 octobre 1960, le général de Gaulle est reçu par Rainier et Grace en visite officielle. Il apporte des cadeaux aux deux enfants princiers et s'amuse des facéties de Caroline, qui n'a pas encore quatre ans. À l'issue de ce bref séjour, le souverain monégasque salue son hôte : « Puissiez-vous, Monsieur le Président, emporter de votre court passage le souvenir le meilleur d'un pays beau et heureux, qui n'a d'autre [...] ambition que de prospérer en maintenant l'amitié qui le lie à la France. »

Cette façade cordiale ne tarde pas à voler en éclats. De Gaulle supporte mal les privilèges monégasques, en particulier dans le domaine des exemptions d'impôts, qui détournent une part non négligeable de l'épargne française. Au cours des années 1950, quelque deux mille sociétés se seraient établies à l'abri de ce « paradis fiscal », surtout dans les domaines de la chimie, de la pharmacie et des travaux publics. Leur chiffre d'affaires doublerait tous les quatre ans. L'époque est bien révolue où le plus clair des revenus des Grimaldi provenait du casino et de la prodigalité des grands-ducs !

De plus, la mainmise des États-Unis sur la gestion de la principauté, par l'intermédiaire de Martin Dale et d'autres conseillers américains de Rainier III, indispose le général, qui voit là une nouvelle tentative de Washington d'étendre son impérialisme. Or, le traité d'amitié de 1918 stipule que la souveraineté de Monaco doit s'exercer en conformité avec les intérêts économiques de la France.

Enfin, le Premier ministre Michel Debré cherche à contrôler les chaînes périphériques, comme *Radio Monte-Carlo* ou *Télé Monte-Carlo*, afin de renforcer le monopole de l'État français sur l'information.

Le prince, qui flaire la manœuvre, bloque la cession à la France de soixante-dix mille actions de la société Images et Son, laquelle gère la radio-télévision monégasque. Plus grave, le 14 janvier 1962, il prend une ordonnance souveraine pour s'assurer du contrôle direct de *Radio Monte-Carlo*.

Le ton monte et, dans la nuit du 23 au 24 janvier, à l'issue d'une discussion orageuse, Rainier congédie sans ménagement le ministre d'État Émile Pelletier. On n'est pas bien sûr qu'il ne l'ait pas giflé le lendemain, *Le Monde* commente l'altercation en style diplomatique : « Le prince a exprimé sa déconvenue en des termes peu compatibles avec l'étiquette des cours. »

L'Élysée saisit ce prétexte pour exiger l'alignement de la fiscalité de Monaco sur le système intérieur. Rainier a beau annuler son ordonnance, le général choisit l'épreuve de force. Il considère que la France a été humiliée en la personne d'un de ses hauts fonctionnaires. Si Monaco ne se plie pas aux exigences de son puissant voisin et protecteur, la convention de 1951 sera dénoncée dans un délai de six mois, « notamment en ce qui concerne le trafic entre la France et la principauté ».

En d'autres termes, Paris agite le spectre d'un blocus, et laisse même redouter une interruption de l'approvisionnement en eau potable et en électricité.

Après coup, Rainier minimisera l'événement : « On a pris une bombe atomique pour écraser une mouche. » Mais il n'échappe pas alors à la surenchère verbale, révélant, sous ses dehors de prince impavide, toute la fougue méditerranéenne des Grimaldi. Au plus fort de la crise de 1962, le prince ne déclare-t-il pas au *Saturday Evening Post* : « Si la France nous coupe les vivres en automne, comme elle a menacé de le faire, nous boirons de l'eau de mer transformée en eau douce, et nous ferons venir le ravitaillement par bateau » ? Et il poursuit : « La France ne se donnera pas le ridicule de construire un "mur de Berlin" dans les rues de Monaco. [...] Je lutterai jusqu'au bout. Il ne faut pas me demander de signer moi-même la condamnation à mort de mon pays. »

En dépit de ces effets oratoires, le prince comprend très vite la nécessité de composer. Il se dit ouvert à toutes les discussions, hormis l'instauration d'un impôt direct frappant ses deux mille sept cents sujets. Les pourparlers sont engagés en septembre 1962. Mais ils n'ont pas encore abouti lorsqu'arrivent à échéance les six mois de l'ultimatum français.

Dans la nuit du 12 au 13 octobre, sous une pluie diluvienne, un cordon douanier est instauré aux limites de Monaco, ce pays que la romancière Colette comparait à « un paradis dont les frontières sont des parterres de fleurs... »

Si la presse accorde un large écho à cette mesure symbolique, les « contrôles » ne dureront que quelques heures et ne concerneront que les automobilistes. Mais les conséquences psychologiques sont immenses. Le prince analyse finement la situation : « Plus que tout autre, un petit pays a besoin de marques de considération et de confiance. [...] Malheureusement, depuis de trop longs mois, la crise qui affecte nos relations traditionnelles avec la France, trouve ses origines, et peut-être sa seule explication dans la perte de cette confiance. »

Les négociations reprennent aussitôt. Menées sous les auspices du ministre des Finances français Valéry Giscard d'Estaing, elles aboutissent, le 18 mai 1963, à la signature d'une nouvelle convention de voisinage.

Rainier accepte d'instituer une taxe sur les bénéfices des sociétés, ce qui en fin de compte se révélera une excellente opération pour le Trésor monégasque. D'autre part, les Français résidant en principauté depuis moins de cinq ans, au moment de la mise en application de la convention, seront désormais astreints à l'impôt sur les revenus. Quant aux heureux Monégasques, ils demeurent à l'abri de toute ponction fiscale !

L'impact immédiat de ces mesures est une fuite de certains capitaux et une chute passagère de l'immobilier. Mais l'essor de la principauté peut repartir sur des bases solides.

Dans l'intervalle, Rainier III a mis fin à sa « dictature », en promulguant une constitution à peine plus libérale, le 17 décembre 1962. Ce texte souverainement octroyé, à l'instar de la Charte de Louis XVIII, répond néanmoins à une urgence démocratique. Déjà, dans un excellent dossier du *Monde* en date du 28 juin 1956, Jean Couvreur augurait que les « institutions monégasques auraient besoin d'être rajeunies, mieux adaptées en tout cas aux nécessités de notre temps. Les sujets de Rainier III, plus assurés depuis le mariage du prince, de l'avenir de la dynastie, se tiendraient, dit-on, pour "à peu près satisfaits" s'ils disposaient de droits politiques plus étendus et, pour commencer, du droit de présenter eux-mêmes leurs réformes au souverain ».

Cependant, Son Altesse Sérénissime n'entend pas devenir un prince soliveau. L'article 2 de la nouvelle constitution ne laisse aucun doute sur ce point : « Le principe du gouvernement est la monarchie héréditaire et constitutionnelle. » D'autant que l'article 3 précise que le « pouvoir exécutif relève de la haute autorité du Prince », et que le suivant enfonce le clou : « le pouvoir législatif est exercé par le prince et le Conseil national ». Au reste, Rainier explique aux Monégasques qu'il a seulement voulu introduire « un esprit nouveau dans des cadres anciens et consacre[r] des principes modernes, sans pour autant renier la tradition. Il y a ajustement et non bouleversement. Il y a évolution et non révolution ».

D'ailleurs, l'un des chantres de ce changement dans la continuité, Louis Auréglia, ancien président du Conseil national, n'avait guère été plus hardi, dans son ouvrage intitulé *Le Problème constitutionnel, la solution démocratique* : « La souveraineté [à Monaco] doit reposer sur le prince et sur le peuple, la doctrine démocratique s'arrête là. Elle n'envisage pas de formule républicaine. »

Jean Couvreur, en 1956, ne disait pas autre chose : « Dans ce tout petit pays où la monarchie a des attaches populaires plus profondes encore que la monarchie britannique, en ce sens que de son existence dépend l'existence même de la nation, il est naturel que tous les regards se tournent presque continuellement vers le Rocher où se trouvent, on le sait, le palais du prince et celui du gouvernement. »

Le souverain garde donc un pouvoir presque illimité. Il conserve les rênes de l'exécutif, qu'il exerce comme auparavant par le truchement d'un ministre d'État français, et de trois conseillers de gouvernement. Le prince contrôle aussi le législatif. Un Conseil national, formé de dix-huit membres élus pour cinq ans au scrutin de liste direct, délibère et vote les lois, mais leur initiative appartient au prince seul. Le budget annuel, discuté par le Conseil, comprend la liste civile qui est prélevée en priorité sur les recettes générales. Les femmes acquièrent le droit de vote. Enfin, le prince délègue son droit de justice aux cours et aux tribunaux. Il ne pourra plus désormais suspendre cette constitution sans l'accord du Conseil national.

En 1989, se confiant au prince Michel de Grèce, Rainier commentera sans état d'âme excessif cet exercice d'une autorité sans guère de partage : « L'intervention de l'État est partout. Il subventionne presque tout. [...] En fait, tout passe par nous, ou presque. Le gouvernement prépare le budget et, à ce moment-là, le prince donne sa position. Ensuite, le budget est présenté au Conseil national, composé de dix-huit personnes élues au suffrage universel. Celui-ci peut voter ou ne pas voter le budget, y faire apporter des amendements, ce qui arrive souvent, ou demander la révision de tel ou tel article. Donc, le budget n'est pas sous la seule responsabilité du prince. Ceci est excellent et très important pour sa survivance et sa position personnelle. Mais une fois que le budget est accepté par le Conseil national, on ne peut plus revenir en arrière, ni protester contre certains projets jugés trop dispendieux. »

La rançon d'un tel pouvoir ? « C'est une profession très solitaire. C'est la profession qui crée la solitude. Je crois que toute fonction qui crée des responsabilités vous rend finalement très seul. Parce que très peu de gens, sinon personne, ne veut partager la responsabilité. Beaucoup donnent leur avis, ce que je demande toujours, car je déteste les "béni-oui-oui". Aux conseils de cabinet, je dis toujours : "Exprimez-vous, même si j'ai un point de vue et vous un autre. Il faut que la discussion existe car quelque chose de valable en sortira." Je pense, en effet, qu'un échange de vues est essentiel.

La solitude, on la retrouve dans les décisions les plus importantes, dans les orientations, les jugements qu'il faut porter sur les personnes, parce que, ici, il faut faire très attention. Monaco est tout petit, et tout se réduit, la plupart du temps, à des questions individuelles qui viennent souvent brouiller les situations ou changer les points de vue. C'est là où l'on se sent très seul, car c'est là où il faut trancher et prendre la décision qui s'impose et qui finalement est exécutoire par des tiers. »

« Ma méthode de gouvernement est à la fois carrée et subtile », finit-il par avouer de manière sibylline à Michel de Grèce lorsque celui-ci l'interroge sur sa façon de mener les hommes.

© DR

Rainier et sa sœur Antoinette à Monaco dans les années 1920.

© DR

Un jeune souverain célibataire.

© Gamma

19 avril 1956. Les noces du Prince et de l'étoile.

© Point de vue

Le « mariage du siècle » à la une de *Point de vue*.

© Gamma

1972. Promenade dans le port. De gauche à droite : Princesse Grace, Prince Albert (âgé de 13 ans), Princesse Caroline (âgée de 15 ans), Princesse Stéphanie (âgée de 7 ans) sur les genoux de son père, le prince Rainier.

© Gamma

1982. La fin du rêve : les funérailles de Grace.

© Gamma

1987. Le baptême de Pierre Casiraghi.

© Gamma

1997. Le château de Marchais, le refuge de Rainier dans l'Aisne.

© Gamma

La même passion du cirque, Rainier et Stéphanie.

© Gamma

Le prince Rainier quitte l'hôpital après son opération du cœur.

© Gamma

Le prince Rainier, la princesse Caroline avec sa fille, Alexandra.

© Gamma

La fête nationale à Monaco, Rainier, Albert. Dans l'ombre, Andrea.

© AFP

20 janvier 2005. Le prince assiste à l'ouverture du 29e Festival du cirque. L'ovation qu'il reçoit alors le submerge d'émotion...

X

Le prince bâtisseur

On se souvient que, depuis le milieu des 1950, Aristote Onassis contrôle la Société des bains de mer et pèse donc de tout son poids sur la principauté. De son bureau directortial de l'Olympic Maritime, il ne tarde pas à défier le palais des Grimaldi. Son influence est telle que les humoristes ne parlent plus que du casino de « Monte-Greco ».

Or, l'armateur entend préserver le caractère élitiste et mondain de la principauté : « Monaco sera prospère tant qu'il restera trois mille gens riches sur Terre », a-t-il décrété. Rainier, en revanche, estime suicidaire de miser l'avenir de la principauté sur la roulette et le tourisme de luxe. Il caresse le projet de faire de son micro-État une plaque tournante du tourisme d'affaires et des congrès.

Le contentieux franco-monégasque réglé, le prince part à l'assaut de ce trop puissant contradicteur : « M. Onassis n'est qu'un vulgaire agent immobilier qui ne s'intéresse pas le moins du monde au bien-être de Monaco », lâche-t-il à un journaliste. Dans son discours du nouvel an 1964, il insiste sur les errements de l'armateur : « La SBM, riche d'un passé prestigieux [...] semble ne plus survivre que dans ce souvenir nostalgique d'une suprématie à laquelle elle paraît avoir renoncé, pour ne plus se cantonner que dans une exploitation de caractère strictement commercial. [...] Il lui faut, elle aussi, reprendre conscience de ses devoirs et, dans une juste conception de son véritable rôle, s'insérer sans réticence dans les plans d'avenir de la principauté, pour redevenir l'animatrice que jamais elle n'aurait dû cesser d'être. »

« Est-ce que ce gamin a eu le culot de dire quelque chose de désagréable à mon égard ? » rétorque le milliardaire. Dès lors, Rainier prépare l'éviction du « Grec ». Cette fois, le général de Gaulle, qui n'apprécie guère, lui non plus, Onassis, assure le prince de son appui.

En juin 1966, un décret souverain ordonne l'augmentation de capital de la SBM. Six cent mille actions supplémentaires sont émises et rachetées par l'État monégasque. Onassis est placé en minorité par cet artifice boursier. Beau perdant, il liquide ses parts de la société. Rainier, digne successeur de François la Malice, les lui reprend pour la somme de trente-neuf millions neuf cent douze mille francs.

Satisfait, le prince concède cependant : « La SBM a été étatisée. C'est une opération regrettable qui n'aurait jamais dû avoir lieu. [...] Mais devant la carence de la SBM, il a fallu que l'État adopte une position forte. Je crois que c'était la solution du moindre mal. »

Ce dernier obstacle écarté, le prince est entièrement libre d'accomplir sa volonté. L'expansion urbanistique, liée au boum économique, a d'ores et déjà métamorphosé le visage traditionnel de la paisible principauté. En 1956, *Le Monde* constatait : « Les Monégasques s'interrogent aujourd'hui avec une certaine perplexité sur les goûts de leur souverain, en matière d'architecture et d'urbanisme notamment. Si en toute justice on ne peut le tenir pour responsable de toutes les erreurs qui ont pu être commises dans l'aménagement de la cité, c'est sur lui que l'on compte pour mettre un frein à l'ardeur parfois brouillonne, destructrice, redoutable de certaines entreprises de travaux publics. »

Un jeune patron de Monte-Carlo tirait déjà la sonnette d'alarme : « C'est que la préservation des sites naturels – il y en a encore quelques-uns à Monaco –, des paysages urbains, a une très grande importance pour nous. Le tourisme est devenu la première de nos industries d'exportation. Il est loin le temps des joueurs en haut-de-forme et des grands-ducs. Le baccara, la roulette, ne représentent plus que deux pour cent à peine du revenu national. Nous devons donc veiller jalousement à la conservation de notre patrimoine touristique, notre principale source de richesse désormais et lutter, le mot n'est pas trop fort, contre ceux qui voudraient faire de cette rade et de ce merveilleux cirque naturel une réplique dérisoire de Manhattan ou de Chicago. »

Et l'auteur de l'enquête, Jean Couvreur, concluait : « Beaucoup de gens se sont émus de voir construire sur le boulevard Albert-Ier, en face du port, le building Héraklès, colossal pâté en béton d'une quinzaine d'étages qui va modifier sensiblement la physionomie classique de Monaco. "Comment le prince, se demandent-ils, a-t-il pu laisser faire cela ?" »

Non seulement Rainier III laisse faire, mais il encourage le mouvement. Le 12 avril 1958, il a inauguré symboliquement la première tranche des grands travaux qui vont rendre Monaco méconnaissable. La voie de chemin de fer est partiellement déplacée et recouverte, libérant cinquante et un mille mètres carrés de terrains constructibles. C'est le petit prince Albert, âgé de six ans et demi qui, le 13 décembre 1964, coupe le ruban inaugural de la nouvelle gare. On aménage aussi, en bord de mer, le terre-plein du Portier, puis celui du Larvotto, où est créé le Monte-Carlo Sea Club. Entre les deux, s'étendent quinze mille mètres carrés de plages artificielles et une vaste terrasse-promenade.

En 1962, Rainier III déclare à ses sujets : « L'exiguïté de notre territoire complique singulièrement la solution de nos problèmes de construction. Je crois sincèrement que notre avenir est vers la mer... » Son projet est titanesque. Il consiste à remblayer l'anse de Fontvieille, à l'ouest du Rocher, et à gagner ainsi vingt-deux hectares sur la Méditerranée. Les travaux, entrepris à partir de 1964, ne seront terminés qu'en 1973. Une digue gigantesque d'un kilomètre de long a permis de réaliser ce « polder » en comblant des fonds marins de quarante mètres. À Fontvieille, Rainier installe des industries légères, mais également des immeubles d'habitation à prix modérés, autour d'un parc paysager et d'une roseraie dédiée à la princesse Grace.

Au centre de ce quartier, le prince a fait dresser un chapiteau permanent « parce que le cirque a sa place dans une ville comme il a sa place dans mon cœur et dans celui de millions de gens, ceux qui ont su garder l'enthousiasme des enfants ». Sans doute Rainier a-t-il voulu aussi exaucer le souhait du petit prince solitaire qu'il avait été, comme il l'a confié un jour à *Paris Match* : « Je me souviens que, lorsque j'étais gamin, je regardais du haut du palais les cirques qui arrivaient et qui s'installaient en contrebas du Rocher. Je restais des heures à les contempler et je rêvais ainsi souvent de partir avec eux... » Chaque année, c'est sous ce chapiteau que se déroule le Festival du cirque dont les « Clowns d'or » récompensent les artistes et les numéros les plus prestigieux.

Les urbanistes avaient proposé au prince de construire à Fontvieille un centre œcuménique. Il a préféré que l'on y édifie une église catholique, dans la tradition spirituelle de Monaco. Religion de l'État, selon les termes de la constitution de 1962, le catholicisme est en effet professé par plus de 90 % de la population. Toutefois, la liberté de conscience est absolue. Et l'on compte, sur la terre des Grimaldi – en plus des cinq églises paroissiales et de diverses chapelles –, un temple réformé, une église anglicane, une synagogue et même un lieu de culte antoiniste. En vérité, l'omnipotence du dieu Dollar est à coup sûr ce qui menace le plus la vie spirituelle de la principauté...

De style provençal traditionnel, coiffée d'un clocher à coupole en tuiles vernissées multicolores, la nouvelle église Saint-Nicolas de Fontvieille, consacrée le 22 octobre 1989, perpétue le souvenir de l'antique sanctuaire du Rocher, détruit au XIXe siècle lors de la construction de l'actuelle cathédrale. La décoration intérieure se veut à la fois très sobre, moderne, mais résolument figurative.

Des fresques aux teintes pastel, un chemin de croix en terre cuite selon le souhait de Rainier qui a une prédilection pour les santons. Les vitraux ont également été conçus avec l'assentiment de Son Altesse Sérénissime, comme l'expliquait en 1997, l'archevêque de Monaco, Mgr Sardou : « Le conseil épiscopal avait souhaité que les vitraux évoquent le thème de l'eau. J'ai donc soumis au prince un certain nombre de citations bibliques : les eaux du chaos primordial, le Déluge, le passage de la mer Rouge, etc. Et l'on a choisi les vitraux ensemble. Pour ma part, je ne souhaitais pas qu'ils soient trop "cabalistiques", et je l'ai fait comprendre au prince en lui disant que son petit-fils Andrea devrait être à même de les comprendre. »

Aujourd'hui, Fontvieille constitue le « nouveau Monaco », à la sociologie composite. On y trouve à la fois des appartements de grand luxe, habités par des cadres supérieurs, mais aussi des logements sociaux financés par le gouvernement.

L'explosion immobilière de la principauté ne va pas sans quelques inconvénients. Certes, depuis le début de son règne, le « prince bâtisseur » a agrandi pacifiquement, en remblayant la côte, de près d'un quart la superficie de ses États. Mais en dépit de ses efforts l'enclave monégasque ne dépasse toujours pas les deux cents hectares. Aussi, au cours des années 1970, la fièvre du béton couvre-t-elle Monte-Carlo et La Condamine de gratte-ciel, cachant la mer aux petites maisons anciennes des Monégasques de souche. Une circulation automobile intense occasionne des embouteillages inextricables. Le taux de pollution atmosphérique est parfois alarmant.

Rainier reconnaîtra plus tard ce que le développement urbain de la principauté avait d'abord eu d'anarchique : « Au début, la construction à Monaco était quelque peu sauvage. On a trop construit en hauteur. Désormais, la politique est plus adaptée, il y a davantage d'espaces verts. Aujourd'hui, on ne construit plus de grands ensembles, comme autrefois. Il y a un ou deux immeubles qui détonnent un peu, qui furent une erreur. »

Sur cette Côte d'Azur où les risques de tremblements de terre ne sont pas négligeables, Rainier a très tôt imposé des normes antisismiques rigoureuses : « Nos bâtiments sont désormais capables de résister à un tremblement de terre d'une ampleur 8 sur l'échelle de Richter. Haroun Tazieff, publiquement à la télévision, nous en a félicités. » Enfin, le prince ajoutera : « J'aurais voulu que la ville de Monaco soit déclarée zone protégée. Cela n'a pas pu se faire légalement car des difficultés du point de vue constitutionnel ont été soulevées, des conflits ont éclaté. Alors on a dû contourner la question. »

Malgré d'indéniables faux pas, Rainier réussit son pari de transformer la vieille principauté, refermée sur sa clientèle aristocratique, en un centre de conférences internationales. Il évite l'écueil du tourisme de masse, inadapté aux possibilités d'hébergement de Monaco. En contrebas du casino, le complexe des Spélugues, inauguré en 1979, associe un hôtel Loews bâti sur pilotis à un centre de congrès-auditorium, doté d'une salle polyvalente de onze cents places, et dont le toit plat est décoré d'une composition géométrique de Vasarely – des losanges de lave émaillée multicolore – intitulée Hexa Grace.

Pendant tout le printemps de 1974, les Monégasques célèbrent le jubilé de leur prince. Les avenues de Monte-Carlo sont ornées de primevères rouges et blanches. Un gala prestigieux est donné à l'opéra de Monte-Carlo, auquel assistent le prince Juan Carlos et la princesse Sofia d'Espagne, la bégum Aga Khan et toute une pléiade de stars hollywoodiennes. Quant aux Monégasques, ils sont tous conviés à un formidable pique-nique, sur le stade Louis-II, dans le quartier de Fontvieille, récemment surgi des eaux, au pied du Rocher.

L'après-midi, dans la cour du palais, Rainier dresse devant les Monégasques rassemblés le bilan de ses réalisations, justifiant ses choix : « Je comprends parfaitement que l'on puisse avoir la nostalgie du passé, je la partage souvent. Je la respecte, mais je dois la surmonter. Et si la critique est toujours facile, les erreurs, hélas, inévitables, chacun peut, s'il veut être de bonne foi, imaginer dans quelle situation se trouverait la principauté si l'on n'avait pas décidé et poursuivi cette politique de rénovation et de modernisation qui a permis ce bond en avant, que l'on ne cesse de souligner avec admiration partout dans le monde. Nous avons transformé la principauté. Certains diront que nous l'avons abîmée ! Sincèrement, je ne le crois pas, compte tenu des nécessités et des besoins impératifs nouveaux créés par la vie moderne et qui étaient si urgents dans bien des domaines. »

Trois années plus tard, dans *Le Monde* du 23 novembre 1977, Maurice Denuzière dresse, à son tour, un bilan globalement positif : « Le prince a sagement limité une expansion manhattanienne, et aujourd'hui, on s'est habitué. [...] En amenant à Monaco quelques industries propres, des services, des laboratoires, [il] a réussi à donner à la principauté une activité économique suffisante pour ne plus être personnellement traité – par les jaloux – de chef croupier. Le jeu n'entre plus, en effet, que pour cinq pour cent dans les recettes nationales alors que l'industrie et le commerce fournissent près de quatre-vingts pour cent de celles-ci. [...] Ici, la faiblesse et le charme sont garants, semble-t-il, d'une indépendance qu'il ne viendrait à aucune puissance l'idée de contester. »

Son rôle de chef d'État, Rainier a souvent affirmé avec fierté qu'il le concevait comme celui d'un « PDG d'une entreprise qui s'appelle Monaco ». D'ailleurs, son entourage ne le surnomme-t-il pas le « patron » ou le « boss » ? « Albert et moi, expliquera-t-il en 1989, passons des journées sur les chantiers pour voir leur cheminement, car la plupart du temps, ce sont des chantiers de l'État. Nous y revenons d'ailleurs souvent pour constater l'évolution. »

« La principauté est une sorte d'affaire de famille, poursuit le prince. Je ne crois pas que l'on puisse parler de Grimaldi Inc., et je ne pense pas que ce soit jamais le cas. Mais cela ressemble plus à une entreprise qu'autrefois. »

Au cours du dernier tiers du XXe siècle, sous l'égide de Son Altesse gestionnaire, Monaco est une « affaire » qui marche. Son chiffre d'affaires passe de deux milliards huit cent millions de francs en 1969 à quarante-quatre milliards trois cents en 1998. À une époque où presque tous les pays de la planète sont endettés, Rainier est en droit de s'enorgueillir d'un Trésor public prospère, comme il s'en félicitait devant Michel de Grèce : « Nous avons aussi institué, pour plus de sécurité, ce que nous appelons la réserve constitutionnelle, alimentée par les excédents des recettes. Aujourd'hui, nous en avons suffisamment pour continuer à faire tourner la machine pendant deux ans, sans rentrées ni ressources. Élément qui a beaucoup conforté la politique financière de la principauté. »

Cette réussite indéniable tient à la fois au statut très particulier de Monaco, mais également à la politique volontariste du prince, « n'hésitant pas à se montrer dirigiste pour insuffler le vent de la modernité », selon l'expression de Stéphane Bern. Une pratique qui, à l'échelle d'une grande nation, provoquerait blocages et pesanteurs bureaucratiques, fonctionne à merveille dans ce cadre de deux cents hectares et avec une population de quelques dizaines de milliers d'habitants.

Entouré d'un cabinet restreint de trois personnes, Rainier peut gouverner avec une souplesse d'exécution inconnue des autres chefs d'État. Énumérant les avantages d'être souverain d'un territoire si exigu, le prince expliquait à Jean des Cars en 1999, dans une interview pour *France Soir* : « Les plus évidents me paraissent résider dans la bonne marche des institutions et organisations administratives. Des expériences que l'on peut faire dans ces domaines n'ont pas de portée sur le nombre mais sur la qualité. Et ensuite, les contacts permanents effectifs entre l'administration et la population sont plus faciles et plus productifs, donnant aux décisions une efficacité plus grande et la facilité de moduler ces décisions. »

Cet « empirisme grimaldien » se retrouve jusque dans l'emploi du temps de Rainier, nullement rigide, mais adapté aux circonstances. « En fait, mes heures varient sauf, évidemment, lorsque j'ai une audience officielle, expliquait-il en 1989. Nous avons, par exemple, une réunion hebdomadaire avec les membres de mon cabinet et Albert. Or, si le volume des affaires n'est pas suffisant, nous la remettons à un jour ultérieur. En revanche, s'il y a des urgences, nous faisons une réunion supplémentaire. Je n'ai absolument pas de plan inamovible pour chaque jour de la semaine. Tout dépend entièrement de ce qu'il y a à faire. »

Le prince a réussi son rendez-vous avec la modernité. Monaco est devenu une place économique de premier plan. Désormais, les revenus du casino ne représentent plus qu'une part infime des revenus de l'État. L'image d'une principauté digne d'une opérette d'Offenbach, haut lieu du Gotha et des demi-mondaines, s'est effacée devant celle d'une super-entreprise, adaptée aux exigences de la finance internationale. Gerolstein a cédé la place à Wall Street.

XI

La fin du rêve

S'il rencontre le succès dans son action publique, les tracas puis les drames ne vont cesser de frapper Rainier sur le plan familial, à partir de la fin des années 1970. Grace dit un jour en plaisantant : « Les cheveux gris prématurés sont héréditaires. Les parents les héritent de leurs enfants. » Et, de fait, les premiers soucis du couple princier viendront de leur fille aînée.

« Avoir une fille de dix-huit ans, commentera Grace, c'est comme monter un jeune cheval dans un steeple-chase dont on ne connaît pas le parcours. Vous ne savez pas quand tirer les rênes, quand rendre la main. »

Les yeux bleu sombre, les cheveux bruns et le teint mat, Caroline ressemble beaucoup à la princesse Charlotte, qui meurt en novembre 1977. Elle déclarera d'ailleurs : « J'aimais beaucoup grand-mère pour sa générosité de cœur, sa compréhension. Nous étions perpétuellement de connivence. » De Charlotte, sa petite-fille semble avoir hérité une soif inextinguible de liberté.

Après l'école primaire à Monaco, Caroline a connu la morne adolescence d'une pension religieuse d'Ascot, en Angleterre. Depuis son baccalauréat, elle réside à Paris, dans l'hôtel particulier que les Grimaldi viennent d'acheter en bas de la très luxueuse avenue Foch, près de la porte Dauphine. Elle poursuit de vagues études de sciences politiques, puis de psychologie.

En fait, Caroline veut « vivre sa vie ». Traquée par les paparazzi qui la photographient sur toutes les coutures, la jeune princesse file au volant de sa Fiat 500, fume plus que de raison, se maquille à l'excès, passe ses nuits dans les discothèques et les boîtes à la mode. « Sa robe de crêpe rose révèle de Caroline plus qu'il n'est recommandable », déplore le *Times*, à la suite d'une soirée particulièrement échevelée au night-club L'Aventure.

Rainier, du haut de son Rocher, prend les choses avec philosophie : « Je pense de toute manière que Caroline ne se laissera jamais entraîner dans une aventure. Elle est en réalité très avisée. » De son côté, Caroline se sent très complice de ce père trop confiant qui « trouve toujours le temps de s'asseoir dans un fauteuil pour [l]'écouter ».

« J'espère que je trouverai un mari qui lui ressemble », confie-t-elle. En réalité, c'est d'un play-boy de trente-sept ans, Philippe Junot, sacré « empereur de la nuit » chez Castel et Régine, dont elle tombe follement amoureuse. Caroline n'a que vingt ans. Rainier déchante et Grace se désole de ce coup de cœur irréfléchi. Il est vrai que l'un et l'autre ont rêvé pour elle de plus brillants partis. La presse n'a-t-elle pas cité le nom du prince Charles d'Angleterre, ou encore celui du grand-duc Henri, lorsque l'héritier luxembourgeois était pensionnaire dans un lycée de Nice ?

« Je crois que mes enfants acceptent le bonheur avec trop de légèreté », soupirera Grace un peu plus tard. Et Rainier ajoutera : « Notre fille était amoureuse. Nous avons essayé de la raisonner, de la dissuader. Mais elle était très déterminée. Que pouvions-nous faire ? »

Le 29 juin 1978, le mariage – civil et religieux – a lieu à Monaco. Toute la famille princière est présente, mais une cinquantaine d'invités seulement entourent Caroline qui devient, par un caprice irraisonné, madame Philippe Junot. Aucun chef d'État n'assiste à la cérémonie. Le Gotha n'a délégué que quelques-uns de ses membres : les rois Umberto d'Italie et Constantin de Grèce, l'Aga Khan, le comte de Paris ou l'archiduc Otto de Habsbourg. Et aucune réjouissance populaire n'a été organisée.

Un premier nuage assombrit ce bonheur illusoire, lorsque l'époux de la princesse autorise un reporter à photographier leur lune de miel dans le Pacifique Sud. Après une absence de cinq mois, le couple s'installe en novembre 1978 dans leur somptueux appartement parisien de l'avenue Bosquet, cadeau du prince Rainier.

Très vite, Junot collectionne les aventures extraconjugales, sans trop s'en cacher. Un jour qu'il a prétendu se rendre à Montréal pour affaires, les magazines le montrent au bras de l'une de ses anciennes amies, la comtesse Agneta von Fürstenberg, dans une célèbre discothèque new-yorkaise, le Studio 54. Cette fois, la coupe est pleine. Caroline quitte ce mari trop volage. Le 33 octobre 1980, le divorce est officiellement prononcé.

Pendant ce temps, Grace entre en âge sans rien perdre de sa beauté légendaire. Elle a fêté ses cinquante ans en 1979 et n'a jamais abandonné tout à fait l'espoir de reprendre sa carrière de comédienne. Elle souffre parfois du « mal du cinéma ». Mais Rainier refusera obstinément qu'elle retourne sur les plateaux.

« La princesse a été très tentée par un retour à l'écran, avouera-t-il. Il y a eu des moments où elle était un peu mélancolique d'avoir si complètement réussi dans une forme d'art puis s'en être coupée complètement. »

Ainsi, malgré un cachet d'un million de dollars, Grace décline l'offre de jouer le rôle de la Vierge Marie dans *Le Roi des rois* de Nicholas Ray. L'année suivante, en 1962, Rainier accepte d'abord de la laisser jouer Marnie, le rôle d'une kleptomane que lui proposait Hitchcock. Puis il revient sur sa décision, craignant les réactions négatives des Monégasques.

Grace ne sera pas non plus la dernière tsarine Alexandra, dans *Nicolas et Alexandra* de Franklin J. Schaffner, en 1971. Elle devra se contenter de siéger au conseil d'administration de la XXth Century Fox, et de participer occasionnellement à des récitals poétiques ou à des courts métrages pour la promotion de Monaco. « J'ai de nombreuses ambitions qui n'ont pas encore été réalisées dans mon existence », soupirera-t-elle un jour.

Avec les années, Grace donne dans le mysticisme. Elle a toujours été passionnée par l'astrologie et le spiritisme. Certains journalistes l'accuseront même, sans preuve sérieuse, d'avoir approché l'Ordre du Temple solaire. Elle aurait connu la sinistre société secrète de Jo di Mambro et Luc Jouret, par le truchement d'un ami d'enfance et confident de Rainier, Jean-Louis Marsan, pour sa part fondateur d'un Ordre templier à Monaco. Soulignons simplement que le trop fameux OTS n'a été fondé qu'en 1984, deux ans après la mort de Grace...

En réalité, la princesse se ressource dans la foi catholique de son enfance. On la voit maintenant prier longuement dans la chapelle du palais et faire de grandes promenades solitaires dans les jardins de Monaco, ou à Roc-Agel.

En juin 1982, elle apparaît dans un documentaire de Barry Chatington, réalisé à Saint-Pierre-de-Rome, sur le thème de *La Nativité* – ne lui a-t-on pas proposé naguère d'incarner la mère de Jésus ? Après sa disparition tragique, certains de ses admirateurs iront jusqu'à envisager un procès en béatification, et voudront prier « sainte Grace de Monaco » !

Dans la bouche de l'archevêque de Monaco, Mgr Sardou, interrogé en 1997, cette surprenante histoire prendra des allures de conte provençal : « Les choses sont nées d'un curé romain natif de Monaco, un peu original. Lorsque la princesse est morte, il a organisé une messe de Requiem, à laquelle il a invité des cardinaux et des ambassadeurs. Au cours de l'homélie, il s'est écrié : "Cette femme, il faut la béatifier !" Cette phrase, prononcée par une bouche romaine qu'on croyait autorisée, a fait le tour du monde. Le prince était furieux. Mon prédécesseur, Mgr Brand, a dû calmer le jeu. Mais de temps à autre, il y a des gens qui imaginent que des miracles ont lieu sur son tombeau. »

D'un tempérament d'artiste, Grace puise son équilibre en travaillant souvent dans son atelier de peinture. Elle réalise aussi des collages de feuilles séchées très réussis, qu'il lui arrive d'exposer en public, sous les initiales GPK – Grace Patricia Kelly. Les voyages, souvent aux Etats-Unis, remplissent une bonne partie de son emploi du temps. En Irlande, elle recherche les traces de ses ancêtres paternels. Elle s'enthousiasme pour la culture celtique et crée, à Monaco, une bibliothèque spécialisée.

En apparence, l'amour que Rainier éprouve pour son épouse semble avoir résisté aux années. Le prince n'avait-il pas confié : « L'expérience de la séparation de mes parents, à l'âge de dix ans, m'a fait inconsciemment désirer que mon mariage soit à tout prix un succès. » Après la tragique disparition de Grace, le prince demeurera d'ailleurs un veuf inconsolable : « Nous formions un couple merveilleux. Partout où je vais, le souvenir de Grace me suit. Lorsque je songe à ces vingt-six ans de mariage, je n'ai qu'un regret : celui de n'avoir pas passé plus de temps avec elle, plus profité d'elle. Jamais je ne pourrais vivre avec une autre femme. »

En public, Rainier continue de manifester à Grace son attention par des gestes tendres. Et nul journal à scandales ne parvient à dénicher la moindre preuve d'infidélités dans cette union presque trop parfaite.

« Rainier et Grace n'étaient pas seulement des personnes, ils incarnaient un mythe », se rappelle Mary Wells, une amie du couple. Et l'un des cousins de la princesse, John Lehman, confirme : « Leur mariage est le plus harmonieux qu'il m'ait été donné de connaître. Ils avaient des personnalités fort différentes, mais on ne peut pas les imaginer l'un sans l'autre. »

Cependant, cette parfaite symphonie souffre sans doute quelques fausses notes. On sait que l'ancienne actrice regrette parfois d'avoir dû sacrifier son indépendance à ce « rôle » de princesse qui est devenu le sien pour la vie. « Elle vivait dans une cage dorée », déplore son ex-soupirant, Oleg Cassini. À Monaco, Grace demeure toujours peu ou prou une étrangère. On la dit dépressive, et elle se plaint de prendre du poids. Il lui arrive de laisser parler son cœur : « Je ne recherche pas le bonheur à tout prix. Je suis satisfaite de ma vie, en un sens, mais je dois avouer que je suis en conflit permanent avec moi-même. »

Quelques témoins affirment que Rainier, épris avant tout de sa principauté, se serait peu à peu détaché de son épouse. Dans un moment de lassitude, Grace aurait été jusqu'à confier à une amie américaine, Fleur Cowles Meyer : « Vous savez, j'ai fini par devenir très triste dans ce mariage. Il ne s'intéresse pas du tout à moi. Il s'en fiche complètement. »

Dans son livre *Palace*, Christian de Massy noircit le tableau : « Mon oncle perdait souvent patience avec Grace, trop souvent en public. [...] Elle ne le contredisait jamais, ne lui faisait jamais de remarques sur son ton. Grace se sentait toujours profondément blessée après de telles démonstrations. »

Quant à l'intéressée, elle présentera les choses de manière plus imagée, et mesurée : « Le prince est gémeaux, deux êtres en un, confie-t-elle en 1976, pour leur vingtième anniversaire de mariage. Lorsque c'est l'ombre, je l'évite. Ou bien nous transformons l'ombre en lumière. »

Lorsque Grace décide de s'installer une partie de l'année avenue Foch, avec l'accord de Rainier, pour conseiller Caroline, les gazettes chuchotent que le couple songerait à se séparer. La tendre amitié de Grace pour le jeune réalisateur Robert Dornhelm, fera dire à son futur gendre, Philippe Junot : « Je ne sais pas s'ils étaient amants, mais disons que je serais très étonné qu'ils ne l'aient pas été. »

La princesse aurait même consulté des avocats américains, mais un divorce l'aurait obligée à renoncer à la garde de ses enfants, ainsi que le stipulait son contrat de mariage. Sa sœur, Lizanne Kelly, dément formellement un tel scénario : « Il y eut des rumeurs selon lesquelles ils ne faisaient plus bon ménage. Cela était absurde. Elle serait encore heureuse, si cette tragédie n'était pas survenue. »

D'ailleurs, les principes moraux très traditionnels de Grace rendent peu crédibles une telle démarche. Ne déclare-t-elle pas, en 1977, à Eleanor Perry d'*Us Magazine* : « Le rôle naturel des femmes est d'être un pilier de la famille. [...] L'émancipation des femmes leur a fait perdre leur mystère. »

La vérité est sans doute plus prosaïque. L'intimité du couple s'est peu à peu effilochée. Et l'émerveillement des débuts a cédé la place à une terne habitude. Un ami, Bill Hegner, fait le triste constat de ce lent désamour : « Ils avaient décidé de faire chambre à part d'un commun accord. C'était mieux ainsi, pour l'un comme pour l'autre. Ils avaient eu trois enfants ensemble. Grace avait rempli ses engagements vis-à-vis du prince. Elle pouvait désormais vivre à Paris et sortir avec des amis. Elle voyageait beaucoup. »

Néanmoins, si la flamme de la passion s'est éteinte entre Grace et Rainier, leur relation, fondée sur une tendresse profonde, aurait sans doute su défier le temps. Quelques mois avant sa mort, Grace citera ce vers du poète T.S. Eliot : « Chaque jour nous mourons l'un à l'autre », pour en affirmer la justesse : « Cela est vrai. Nous changeons constamment. Il faut sans cesse se remettre en question. Cela garde vie à un mariage, vous maintient dans un état amoureux. »

Mais la « malédiction » des Grimaldi, dont on a vu les effets au cours des siècles, ne devait pas épargner l'union du prince et de l'étoile. La fatalité veillait, aux aguets. Elle allait frapper...

Grace a toujours eu une mauvaise vue. C'est pourquoi elle conduit rarement, préférant s'en remettre à son chauffeur. Elle possède d'ailleurs une lourde Land-Rover peu maniable. Le vendredi 10 septembre 1982, la princesse Stéphanie est de retour à Monaco, après des vacances mouvementées sur l'île d'Antigua, dans la mer des Caraïbes. Elle a en effet été victime d'un accident de ski nautique, qui lui a valu quinze points de suture sur le crâne.

Toute la famille passe le week-end à Roc-Agel avant de se disperser à nouveau en début de semaine. Grace prépare activement un voyage de dix jours en Grande-Bretagne, suivi d'un récital de poésie aux États-Unis. Auparavant, elle doit raccompagner Stéphanie à Paris. Afin de dépister les photographes alléchés par la mésaventure antillaise de la jeune princesse, elle passera la nuit à l'hôtel Meurice avec sa mère.

Le lundi 13 septembre, vers dix heures du matin, Grace décide de conduire elle-même. La route qui descend de Roc-Agel à la principauté est certes tortueuse, mais ne prend pas plus d'une quinzaine de minutes. D'autre part, les places arrière sont encombrées par des vêtements et des valises. Le chauffeur, Christian Silvestri, restera disponible pour véhiculer le prince Albert, un peu plus tard.

L'arrière-saison est magnifique et le soleil étincelle sur la Côte d'Azur. Soudain, alors qu'elle s'apprête à négocier un virage en épingle à cheveux, Grace s'écroule sur le tableau de bord. Sans doute est-elle victime d'une attaque cérébrale. Elle perd le contrôle de l'automobile qui file droit devant elle. Stéphanie essaie de serrer le frein à main, mais il est trop tard. Le véhicule fou franchit le parapet et s'écrase dans le précipice, quarante mètres en contrebas.

Les deux passagères n'avaient pas bouclé leur ceinture. Grace est projetée sur le siège arrière, inconsciente. Stéphanie est recroquevillée par terre, sous la boîte à gants. De la fumée sort du moteur qui menace de prendre feu. Stéphanie, quoique blessée à la colonne vertébrale, débloque la portière et court en direction d'une ferme toute proche. Elle hurle, entre deux sanglots, à une femme qui vient d'assister au drame : « Allez chercher de l'aide ! Appelez le palais, je suis la princesse Stéphanie. Appelez mon père ! Ma mère est dans la voiture. Appelez mon père ! »

Grace est transportée d'urgence à l'hôpital de Monaco qui porte son nom. Le filet de sang qui s'échappe du coin de ses lèvres témoigne de l'hémorragie interne. Le professeur Jean Duplay, neurochirurgien de l'hôpital Pasteur de Nice, arrive en hélicoptère une demi-heure plus tard. On ne peut pratiquer de scanner, car il n'y en a pas encore à l'hôpital. Seule une clinique privée de la principauté possède un tel équipement. Grace, en raison de son état, ne pourra y être transférée que huit heures plus tard. Le diagnostic tombe alors sans appel : le cerveau est irrémédiablement endommagé. « Il y a eu un accident vasculaire cérébral à l'origine de l'accident, expliquera le professeur Duplay. Tout ce qui était médicalement possible a été tenté pour sauver la princesse de Monaco. Le scanner a montré que les lésions n'étaient pas chirurgicales à l'étage cérébral. Il y avait par ailleurs un polytraumatisme qui a interdit d'envisager un transport par hélicoptère ou tout autre moyen vers le centre hospitalier régional de Nice. »

La princesse s'enfonce dans un coma de plus en plus profond. Au soir du 14 septembre, elle présente un encéphalogramme plat. Rainier et Albert sont au chevet de Stéphanie, à l'hôpital où l'on a ramené Grace. Ensemble, ils prennent la décision de ne pas prolonger artificiellement une survie qui n'est plus que végétative. Grace est placée dans une chambre blanche remplie de fleurs. À dix heures et dix minutes du soir, le système de réanimation est débranché.

Tout de suite après l'accident, l'Agence France-Presse a publié un bulletin rassurant, sur la base d'on ne sait quelles informations. On n'y évoque qu'une fracture du fémur pour Grace, et de légères contusions pour Stéphanie. Dans l'après-midi du 13, le palais est allé dans le même sens, en affirmant que « la princesse Grace devra rester hospitalisée une dizaine de jours ». Il est précisé par ailleurs que « l'accident serait dû à une défaillance mécanique de la voiture ». Dans leurs éditions du lendemain, les quotidiens évoquent le « miracle ». *Le Figaro* titre « La mort de près ».

Le 15 septembre, la tonalité est tout autre. À minuit, le service de presse officiel de Monaco publie le communiqué suivant : « L'état de santé de Son Altesse Sérénissime la princesse Grace s'est aggravé dans la nuit du 13 au 14 septembre et dans la journée du 14 septembre. En fin de journée, toute possibilité thérapeutique était dépassée et Son Altesse Sérénissime la princesse Grace est décédée d'une hémorragie vasculaire intercérébrale. »

Le conte de fées s'achève en cauchemar. La France et le monde entier sont en état de choc. *Paris Match* tire un numéro spécial à un million deux cent soixante mille exemplaires. L'assassinat du président libanais élu Bachir Gémayel, perpétré le même jour, est ravalé, malgré son importance politique, au second rang. À Monaco, l'activité semble suspendue. À l'annonce funèbre, sur l'antenne de *Radio Monte-Carlo*, la circulation s'est interrompue, les roulettes du casino se sont arrêtées et bien des gens se sont mis à pleurer.

Chacun se rend compte que la star américaine a rendu son lustre et sa crédibilité à Monaco. Après Grace, on ne parlera plus – ou en tout cas beaucoup moins – de « principauté d'opérette ». La princesse-actrice avait conçu sa fonction comme un métier à plein temps qu'elle a exercé en vraie professionnelle. À Rainier, elle a rendu un jour ce vibrant hommage : « Mon mari avait décidé de faire de moi une véritable princesse. Et il l'a fait avec beaucoup de patience. Avec une grande compréhension, il m'a montré le chemin. C'est à mon mari que je dois d'être devenue Grace de Monaco et je l'en remercie. Car je suis allée plus loin en tant que princesse qu'en tant qu'actrice. »

Les funérailles se dérouleront le 18 septembre 1982. Au premier rang, dans la cathédrale Notre-Dame de l'Immaculée-Conception, se tiennent la princesse-de-Galles, Nancy Reagan et Danielle Mitterrand, le roi Baudouin et la reine Fabiola. De nombreuses autres altesses ont fait le déplacement, ainsi que les vieux amis de Hollywood. Leur présence prouve le rayonnement international de la princesse défunte, le respect qu'elle a partout suscité.

Rainier est apparu écrasé de douleur lors des obsèques. Immédiatement, les commentateurs parlent d'abdication. D'ailleurs, la France, qui vient de se donner un président socialiste, ne va-t-elle pas annexer cette principauté où l'argent est roi ?

XII

Turbulentes princesses

Désemparé par la disparition si brutale de Grace, Rainier tente de faire face, en donnant l'impression qu'il affronte la fatalité sans faiblir. Quelques jours après le drame, il déclare, comme pour se persuader lui-même : « Il faut aujourd'hui surmonter notre chagrin, qui est immense, nous consacrer à la principauté et, tous ensemble, réapprendre à vivre. »

Mais, en réalité, à cinquante-neuf ans, le prince a bien du mal à supporter le terrible choc. Sans son courage et sa force d'âme, il se serait enfoncé dans la dépression. Il reste cloîtré dans ses appartements du palais, ne semble plus trouver de goût à vivre. Caroline prend alors les choses en main. Elle l'entoure, lui apportant affection et soutien : « Papa a été merveilleux, se souviendra la princesse. Il s'est montré très fort et très courageux. Ce fut une véritable leçon. Telles que je vois les choses aujourd'hui, la mort de ma mère a rapproché la famille. Non pas que nous étions éloignés avant sa mort, mais là, nous avons appris à être plus attentifs les uns avec les autres. »

Le 17 décembre, Rainier décide de répartir entre ses trois enfants, par ordonnance souveraine, les responsabilités assumées auparavant par Grace. De nouveau, il regarde vers l'avenir. Et il fera, en avril 1983, cette mise au point, trop cinglante pour être vraiment sincère, dans les colonnes du *Figaro Magazine* : « Que la princesse, par son charme, sa beauté et son rayonnement, ait été un atout pour Monaco, c'est évident. Sa disponibilité envers tout le monde était extraordinaire. [...] Dire que la disparition de la princesse allait porter un coup fatal à Monaco est insultant pour moi et pour mes enfants. Enfin, je rappellerai que Monaco existe depuis huit siècles, et que les malheurs ne l'ont pas épargné. Ce n'est pas pour cela que la principauté a sombré. »

Quelques années plus tard, il constatera avec satisfaction : « On pourrait comparer notre famille à une entreprise collective. Nous formons désormais une excellente équipe. »

Par ailleurs, les gazettes auront beau enquêter ou échafauder mille suppositions. On évoquera beaucoup sa cousine Ira de Fürstenberg. Rainier est résolu à rester toujours veuf. Quelle femme pourrait donc remplacer un mythe de la dimension de Grace ? « La seule idée que je puisse me remarier est une absurdité », conclut le prince, en septembre 1984, dans les pages de *Paris Match*. Dix ans après la tragédie, la blessure sera encore ouverte, et douloureuse, comme il le confiera à Christian Brincourt : « Sûrement, il manque une maîtresse de maison au palais. Pour la principauté elle-même, et bien que Caroline et Stéphanie s'efforcent de prendre le relais, il faudrait que quelqu'un prenne en charge l'activité charitable, sociale et mondaine. Dans une famille, la disparition de la mère crée un vide impossible à combler. On peut être un bon père, on ne remplacera jamais la mère auprès de ses enfants. C'est là où l'absence de la princesse se fait le plus cruellement sentir. »

En dépit de cette perte irrémédiable, et de sa peine inconsolable, Rainier, plus que jamais, entend se consacrer à sa tâche souveraine. Le 19 janvier 1984, François Mitterrand effectue une visite officielle à Monaco. Le président de la République porte un toast à l'entente franco-monégasque : « Sachez simplement qu'en cette heure, tout va bien. Nous sommes voisins et amis, et nous avons réussi à le demeurer à travers le temps. » Un nouveau traité est signé, confirmant les droits de la principauté sur son espace maritime et aérien.

La disparition brutale de Grace a propulsé Caroline sur le devant de la scène. Elle reprend la présidence du Festival des arts, de la Fondation Princesse-Grace, de l'école de danse. En 1985, elle ressuscitera les ballets de Monte-Carlo, dans la tradition de Diaghilev et du marquis de Cuevas. Caroline est présente, à côté de son père, à toutes les inaugurations et réceptions officielles. Rainier lui rendra hommage en énumérant quelques-unes de ses activités : « Caroline s'occupe merveilleusement de tout ce qui est culturel. [...] [Elle] s'occupe des ballets de l'Académie de danse classique Princesse-Grace, du Printemps des arts, qui est une très grande réussite, des prix littéraires. Elle est maintenant présidente de la fondation [qui porte le nom de Rainier]. »

Caroline assume ses nouvelles fonctions avec décontraction. Elle veut servir son pays et les Grimaldi, comme elle l'affirmera à un journaliste : « Monaco est une grande famille exceptionnelle et anachronique, un pays de vingt-huit mille habitants, qui continue de vivre indépendant avec à sa tête un souverain. [...] C'est peut-être ce qui attire. Chacun dans la famille a un rôle bien précis, Monaco n'est pas une puissance industrielle ni militaire. Il faut faire venir des gens ici, qu'ils y travaillent, qu'ils soient heureux et qu'ils vivent bien. Si moi aussi je travaille pour mon pays – et je fais de mon mieux –, est-ce que j'ai tort ? »

À l'Américain Jeffrey Robinson, l'auteur de *Rainier et Grace*, Caroline ajoutera, sur le ton de la plaisanterie : « Ah oui, les gens qui racontent que j'intrigue dans les sombres corridors du palais ? Ces histoires de complot ? Richelieu et Mazarin sont des enfants de chœur à côté de moi ! [...] Je suis vraiment impatiente qu'Albert se marie. »

Pour l'heure, c'est Caroline qui va convoler de nouveau. Au printemps 1984, à vingt-sept ans, elle rencontre Stefano Casiraghi, un Milanais de vingt-quatre ans. Comme dans les romans de la collection Arlequin, il est beau, riche et intelligent. Son charme et son rayonnement rassurent Rainier. En outre, son père est un puissant homme d'affaires italien. Et lui-même a déjà commencé à se bâtir une fortune dans la construction navale et l'immobilier.

Le 29 décembre 1983, la deuxième union civile de Caroline est célébrée sans faste, au palais de Monaco. Elle ne peut être suivie d'une bénédiction – car le Vatican n'a pas encore annulé le mariage religieux de la princesse avec Philippe Junot. Cinq mois et demi plus tard, le 8 juin 1984, Caroline met au monde un garçon, Andrea Casiraghi. La saga Grimaldi paraît avoir enfin conjuré le mauvais sort. Rainier a la joie d'être grand-père pour la première fois. En septembre, il tient l'enfant sur les fonds baptismaux.

Le couple offre toutes les apparences du bonheur. Deux autres enfants viendront bientôt agrandir la famille modèle : Charlotte, née le 3 août 1986, et Pierre, le 5 septembre 1987.

Rainier se découvre une vocation de grand-père affectueux et indulgent. Andrea, Charlotte et Pierre le tutoient et l'appellent familièrement « papy ». « Je me sens rajeunir en leur compagnie, se réjouit le prince. C'est très vivifiant ! »

Caroline s'est donné une descendance, assurant ainsi l'avenir des Grimaldi, alors qu'Albert demeure obstinément célibataire. Cet état de choses renforce son rôle en principauté et renforce sa position de « première dame » de Monaco. Rainier est parfois obligé de modérer les ardeurs de sa fille aînée, « dont la nature la pousse à brûler les étapes », comme l'explique Françoise Laot, dans *Point de Vue* : « À la différence de son frère, elle aime réaliser, assister aux cérémonies et rien ne la rend plus fière que lorsqu'on la compare à sa mère. Mais sans doute, malgré ses violentes dénégations, lui arrive-t-il d'aller trop loin et trop fort, de vouloir tout à la fois poser comme un mannequin pour le célèbre couturier Karl Lagerfeld, s'insérer plus avant dans la vie politique de la principauté, comme assister à des conseils de gouvernement ou être membre de plein droit du Conseil d'État, comme le fut le prince héréditaire à compter de ses dix-huit ans. »

C'est seulement le 20 juin 1992 que la Sainte-Rote prononcera l'annulation du premier mariage de Caroline, prétextant son « immaturité psychologique » présumée au moment de son engagement. Certains crient alors au scandale et au favoritisme, oubliant qu'en France seulement, les « déclarations de nullité » se comptent par centaines chaque année. L'archevêque de Monaco, Mgr Sardou, révélera d'ailleurs : « Certains magazines se sont déchaînés après la reconnaissance de nullité du premier mariage de la princesse Caroline. Même mon confrère, Mgr Gaillot, s'est exprimé à la télévision. Il aurait pu demander l'avis de l'évêque concerné ! En réalité, la procédure romaine a été très longue. Il a fallu onze ans pour obtenir une réponse et cette attente a été douloureuse. Le prince me demandait : “Qu’avons-nous fait à l’Église pour qu’elle garde le silence ? Est-ce parce que nous sommes princes ?” La recherche a été minutieuse et l’Église s’est prononcée en connaissance de cause. »

En 1994, le Vatican reconnaîtra comme légitimes les enfants issus de la seconde union de la princesse, bien que cette union n’ait pas été consacrée par l’Église. Mais hélas, à cette date, Stefano Casiraghi est déjà mort depuis près de quatre ans.

C’est en effet le 3 octobre 1990 que la malédiction des Grimaldi frappe de nouveau. Ce jour-là, l’époux de Caroline, amateur de sports dangereux, prend part à une compétition d’offshore. Aux commandes d’un catamaran ultrarapide, le *Pinot di Pinot*, il s’élance sur une mer calme. Tout à coup, à onze heures quinze, devant Saint-Jean-Cap-Ferrat, c’est l’accident. Le copilote de Stefano, Patrice Innocenti, se souvient : « Tout allait bien, puis, en une fraction de seconde, j’ai senti le bateau se dresser et se retourner. [...] Nous avions été victimes d’une vague. [...] Le bateau a été soulevé de deux ou trois mètres, s’est retourné et a heurté l’eau du côté de Stefano. J’ai senti le choc, c’était épouvantable. »

Caroline revient d’urgence de Paris, où elle était allée discuter avec Philippe Junot de la procédure d’annulation de leur mariage. Face à ce nouveau malheur, la famille Grimaldi se resserre davantage encore. « Que vais-je devenir, que vais-je devenir ? » demande-t-elle à son père, qui connaît ce désespoir et n’a aucune réponse. Veuve à trente-trois ans, Caroline se réfugie avec ses enfants dans un mas de Saint-Rémy-de-Provence, contribuant d’ailleurs à faire de cette vieille cité, jadis fief des Grimaldi, une sorte de Saint-Tropez de l'intérieur.

Pourtant, la fille aînée de Rainier et de Grace ne désertera pas très longtemps ses obligations officielles. En décembre 1991, elle réapparaît à l'occasion d'un gala de charité à la Pyramide du Louvre, à Paris. Entourée de son père, d'Albert et de Stéphanie, elle est revêtue d'une longue robe de velours noir. Les invités et les photographes ont la joie de constater que la princesse triste a retrouvé son sourire.

La princesse Stéphanie fait moins de mystère sur sa vie privée, qui s'étale, depuis plus de vingt ans, au vu et au su d'une presse enchantée de l'aubaine. La moins conformiste, Stéphanie est aussi la plus extravertie et la plus sensible, peut-être, des enfants du couple princier. Très proche de sa mère, elle l'a perdue, à dix-sept ans, au moment même où, sans doute, elle aurait eu le plus besoin de ses conseils et de la force de son amour. « Elle était toujours là, se souviendra Stéphanie. Dès que j'avais un problème, je lui disais mes chagrins et mes peines. J'en ressortais le cœur léger. »

C'est que, dès son âge tendre, la benjamine des Grimaldi a donné du fil à retordre à ses parents. À quinze ans, elle s'enfuit du collège religieux des sœurs de la Sainte-Croix de Jérusalem, où elle est en pension. « C'était à l'époque du divorce de Caroline, se justifiera-t-elle plus tard. Mes parents voulaient me tenir à l'écart. Je n'aimais pas cette institution pour jeunes filles où il y avait des barreaux aux fenêtres. Une semaine avant Noël, je me suis enfuie. »

Grace s'efforçait de canaliser l'exubérance de Stéphanie, mettant ses écarts sur le compte de son extrême jeunesse : « Nos goûts diffèrent parfois à propos de vêtements ou de garçons qu'elle fréquente. Toutes les mères et toutes les adolescentes ne sont-elles pas ainsi ? En un sens, elle est plus mûre que je ne l'étais à son âge... plus vulnérable aussi. »

Le décès subit de Grace laisse Stéphanie sans garde-fous. Évoquant sa fille cadette – comme ses deux autres enfants –, Rainier saura reconnaître : « Leur mère leur a cruellement manqué. Je n'ai jamais prétendu pouvoir la remplacer. J'ai pu être leur père, plus ou moins bien, mais j'ai certainement commis des erreurs par la force des choses et des circonstances. » Et il ajoutera, en guise d'excuses : « Lorsque la présence de la mère fait défaut dans la maison, rien, ni personne ne peut la remplacer. Son rôle est essentiel dans une famille, surtout pour des filles. Elles ont des problèmes plus affectifs, plus délicats, qu'un homme ne peut pas comprendre. »

L'accident de Roc-Agel a laissé Stéphanie non seulement traumatisée physiquement – elle portera une minerve pendant plusieurs semaines –, mais surtout psychologiquement. « Sa disparition m'a obligée à grandir trop vite », avouera-t-elle. Comme si sa détresse n'était pas assez profonde, certains médias insinuent faussement que c'est Stéphanie qui conduisait la Land Rover, et qu'elle est donc indirectement responsable de la mort de Grace.

La jeune princesse choisit alors de ne pas poursuivre d'études supérieures et de se lancer dans une carrière de styliste. Marc Bohan, un ami de longue date des Grimaldi, accepte de la prendre dans son équipe. Pendant un an, la princesse apprend le métier « sur le tas », chez Dior, avenue Montaigne. Tous ceux qui la côtoient alors souligneront son application professionnelle et ses dons réels de dessinatrice.

Avec une amie, Alix de la Comble, elle sort bientôt une ligne de maillots de bain, dont elle a dessiné les modèles, sous la marque Pool Position. Afin de promouvoir ses créations, Stéphanie n'hésite pas à poser comme mannequin pour le magazine *Elle*.

Pendant ce temps, la presse du cœur a quelque mal à recenser la liste de ses soupirants. Elle passe des bras de Paul Belmondo à ceux d'Anthony Delon, les fils des deux grands séducteurs du cinéma français. Son aventure avec l'acteur américain Rob Lowe est encore plus fulgurante...

Mais quoi qu'il arrive, et malgré ses escapades, Stéphanie reste fidèle à Monaco. Elle qui, tout enfant, a fait un stage chez Annie Fratellini, préside avec joie le Festival du cirque et de la magie. Elle apporte également son soutien au Centre de jeunesse Princesse-Stéphanie. En février 1986, elle confie à *Paris Match* : « J'adore mon pays et j'ai un devoir à remplir envers lui. Mon père et ma mère ont construit l'image de Monaco. Si on parle tant de la principauté aujourd'hui, c'est grâce à leur action. Par respect pour eux, je me dois, avec mon frère et ma sœur, de défendre cette image. Le futur de Monaco, c'est nous. Nous nous répartissons les tâches. Je dirai que nous sommes comme une équipe de football : chacun à sa place sur le terrain. »

En 1986 également, Stéphanie devient la « princesse Ouragan », avec cette première chanson, signée de Romano Musumarra, qui la propulse en quelques jours en tête des hit-parades. Tube de l'été 1986, *Ouragan* fait connaître « Stéph de Monac' » dans le monde entier, mais peut-être pas de la façon qu'aurait aimée le prince Rainier... Hélas pour elle, ce succès n'est qu'un feu de paille. À l'automne, son second 33 tours, *Besoin*, est loin de remporter la même audience.

Déjà, Stéphanie poursuit d'autres chimères. Elle s'installe aux États-Unis, où elle prend des cours de chant et de danse.

À la fin des années 1980, son sigisbée américain a pour nom Mario Jutard. Avec ce personnage au profil indécis, la princesse tourne un clip vidéo. Elle s'affiche ensuite avec un producteur de disques d'outre-Atlantique, Ron Bloom, qui sera reçu au palais de Monaco et lors de manifestations artistiques en principauté.

Bientôt, exit également Ron Bloom : en 1989, Stéphanie annonce ses fiançailles avec Jean-Yves Le Fur, fils d'un célèbre architecte. La « cérémonie » aura lieu dans le cadre d'un restaurant parisien branché, Le Télégraphe. Le couple, tendrement enlacé, pose pour des séances photos « officielles »... mais sans lendemain. Dans *Point de Vue*, Françoise Laot écrit alors, avec une belle dose d'optimisme : « De Stéphanie, le prince Rainier accepte avec une indulgence contrôlée, les allers et retours sentimentaux. Tout lui sera plus aisément pardonné, en raison du traumatisme de la perte de sa mère, au sortir de l'adolescence. Puis, elle est généreuse, très aimante, pas du tout calculatrice. Un jour – c'est prévu par les Monégasques – ce sera le retour de l'enfant prodigue et elle s'intéressera de nouveau, sans esprit de rébellion, aux affaires de la principauté. »

Avec Albert, Rainier sait qu'aucune mésaventure comparable ne saurait survenir. Dans ce fils toujours disponible, à la fois raisonnable et énergique, sain et aimable, au regard d'azur, le prince retrouve le sens du devoir de Grace. Leurs liens sont forts, leurs relations simples et directes. Albert a le culte du sport. Et il pratique de nombreuses disciplines à un haut niveau. À travers cette recherche de la performance et de l'excellence, il se prépare aussi à son rôle futur de prince régnant. Car, à mesure que les années se passent, le fils seconde le père avec de plus en plus d'efficience. Rainier a bien du mal à trouver quelque défaut à ce jeune homme presque trop parfait. Peut-être pèche-t-il par un excès de candeur ? « Il découvre, comme moi, qu'il n'est pas facile de savoir en qui placer sa confiance. Que certaines personnes qui l'entourent ne sont parfois pas tout à fait désintéressées. »

Mais en cette année 1989, qui marque les quarante années de règne de son père, le prince héréditaire – qui, lui, vient de franchir le cap de la trentaine –, occupe une place de plus en plus essentielle dans la vie publique monégasque. Dans une interview donnée à Michel de Grèce, Rainier énumère quelques-unes des responsabilités de son fils : « Albert assume ses propres responsabilités comme président des congrès de télévision. Il s'occupe aussi d'un domaine qu'il aime, le domaine sportif. Enfin, j'espère qu'il va s'occuper bientôt d'un organisme supérieur du tourisme, ce qui nous manque et qui devrait donner une impulsion à cette industrie. »

Ce quarantième anniversaire de son avènement, Rainier le fêtera entre « allégresse et nostalgie », selon l'expression de Françoise Laot dans *Point de Vue*. En ce 28 juin 1989, la cérémonie la plus marquante est la pose de la première pierre d'un nouveau Centre culturel et des expositions, à Fontvieille, avenue Princesse-Grace. Dans le hall d'accueil de la salle Omnisports du stade Louis-II, une exposition retrace les réalisations du « prince bâtisseur ». On évoque les projets de gare souterraine, de digue portuaire et d'échangeur routier. Pourtant, malgré les congratulations et les sourires de circonstance, l'ombre de la princesse défunte plane sur toutes les réjouissances...

Contrairement à l'usage, aucun *Te Deum* n'est célébré à la cathédrale. Mgr Sardou préside un office religieux en plein air sur la place du Palais. Le pape a envoyé sa bénédiction. Mais la famille princière espère toujours en vain le décret de nullité du premier mariage de Caroline. La princesse n'étant pas autorisée à communier – comme sa tante Antoinette, deux fois divorcée –, Rainier s'abstient lui aussi de s'approcher de la Sainte Table.

Il n'y aura pas non plus de traditionnelle apparition au balcon. Ni le prince régnant ni son fils n'ont revêtu leur uniforme rutilant, et ils n'arborent pas leurs décorations. Pas davantage de dîner de gala à l'Opéra Garnier, ni de grand bal. Rainier a voulu n'être entouré que des siens. Devant le palais, des tentes ont été dressées, pour un buffet gigantesque, dans une ambiance de kermesse élégante. Tous les Monégasques – mais eux seuls – ont été conviés. « Une fête de famille, simple et bon enfant, avec ce qui convenait de ferveur et d'enthousiasme, avec aussi ce brin de nostalgie qui entache toutes les cérémonies depuis la disparition de la princesse Grace. »

En compagnie d'Andrea, très sage du haut de ses cinq ans, le prince se promène de groupe en groupe. Il serre des mains en se réjouissant : « Je suis le seul chef d'État capable de reconnaître tous mes administrés. » En cadeau, il reçoit une autruche en bronze, œuvre du sculpteur Rembrandt Bugatti.

Rainier peut tirer les leçons de quatre décennies de pouvoir : « Je suis partagé entre la satisfaction de ce qui a été fait et la reconnaissance envers la communauté monégasque qui l'a permis. [...] Mes enfants sont devenus mes équipiers, et les princesses les continuatrices de l'œuvre immense accomplie par leur mère, la princesse Grace. Comme souverain, j'estime qu'ils font leur devoir. Comme père, je suis fier de n'avoir pas eu à le leur rappeler. »

Après avoir souligné qu'aux siècles passés, Honoré II a régné cinquante-huit ans et Honoré III soixante-deux, Françoise Laot confirme que leur actuel successeur ne songe nullement à abdiquer. Mais c'est pour aussitôt, et encore, évoquer la mémoire de Grace. Et faire vibrer la corde grave du souvenir : « En ce temps-là, il suffisait que la princesse apparaisse pour que n'importe quelle manifestation se métamorphose en fête. En septembre 1982, le prince Rainier n'a pas seulement pleuré son épouse, la mère de ses trois enfants, mais aussi celle qui fit briller Monaco d'un éclat incomparable.

» Aujourd'hui, les blessures se cicatrisent et le prince Rainier est devenu chef de famille pour deux [...]. Sa joie d'être grand-père de trois superbes petits-enfants est sans borne et rien ne peut empêcher de rêver au destin princier qui serait selon toute vraisemblance celui du jeune Andrea Casiraghi, le fils aîné de Caroline, si le prince Albert n'avait pas de descendance. »

XIII

Le 700e anniversaire

Une pluie d'hiver, froide et pénétrante, cingle le port de Monaco, en ce soir du 8 janvier 1997, alors que sept cents élèves de la principauté, en ciré jaune, stoïquement assis derrière des pupitres d'école, écoutent un « cours d'histoire magistral » récité par Jean Piat, mis en scène et en lumière par Gad Weil – à qui l'on devait déjà la « grande moisson » sur les Champs-Élysées ou la commémoration du vingt-cinquième anniversaire de la mort du général de Gaulle.

Il y a sept siècles, jour pour jour – et selon la chronique sous un temps aussi détestable – François Grimaldi, alias « la Malice », s'emparait de la forteresse monégasque. Quant à cette journée commémorative, qui s'achève ainsi sous les cataractes, elle a débuté par un *Te Deum* en la cathédrale, présidé par Mgr Jean-Louis Tauran, secrétaire pour les Relations du Saint-Siège avec les États et représentant Jean-Paul II.

Au cours de son homélie, le prélat a commenté une phrase de l'évangile de saint Matthieu, qui semble avoir été écrite pour les Grimaldi : « Celui qui a entendu ces paroles et les met en pratique peut se comparer à un homme avisé qui a bâti sa maison sur le roc. »

Ces paroles, en effet, « retentissent depuis deux mille ans bientôt et elles ont inspiré pour une bonne part l'édification de la principauté de Monaco. [...] Et les princes qui se sont succédé ont cherché de leur mieux à être les serviteurs de cet idéal chrétien qui a imprégné la culture et les coutumes de votre peuple. [...] L'anniversaire d'une dynastie qui, depuis sept siècles, guide les destinées d'un peuple est une de ces occasions providentielles, au sens le plus profond du terme, pour faire le point sous le regard de Dieu. [...] »

Mgr Tauran s'interroge : « Ce Rocher si solide aux yeux du monde, sur quoi repose-t-il ? Sur des valeurs d'humanité et de dévouement aux causes les plus nobles qui sont à l'honneur des princes d'hier et d'aujourd'hui. » Car Monaco est un de ces rares pays « qui possède[nt] les structures institutionnelles de dialogue mettant le pouvoir à proximité du citoyen.

» En terminant, ma pensée se tourne vers vous, Altesse Sérénissime, qui avez la charge de guider la principauté vers un nouveau millénaire. Pour votre personne, pour votre famille, je demande à Dieu lumière et force dans l'exercice d'une tâche qui suppose un engagement personnel de tous les instants. Il y a bien longtemps, l'évêque de Clermont, Jean-Baptiste Massillon, s'exprimait ainsi : "Les princes ont plus de devoirs à remplir que le reste des hommes. Plus ils sont grands, plus ils doivent de grands exemples." Paroles inspirées qui nous laissent facilement entrevoir les responsabilités et les devoirs d'une dynastie régnante.

» Puissent tous les Monégasques, sous la conduite de leur prince, avancer confiants, bâtissant leur existence personnelle et collective sur le Roc de l'Évangile. [...] Alors, une fois encore, ce petit promontoire, *Deo-Juvante*, étonnera le monde. Amen. »

Après cette exhortation, le prince Rainier, entouré de ses trois enfants, est allé inaugurer devant le palais, une sculpture monumentale du Hollandais Kees Verkade, immortalisant la figure mythique du « Malizia », dans son habit de capucin.

Ce palais qui a gardé, malgré les siècles, de faux airs de la forteresse enlevée par surprise une nuit d'hiver de 1297, ce palais représente, aux yeux de Rainier, la permanence du pouvoir des Grimaldi, comme il le raconte à Stéphane Bern, dans le *Figaro Magazine* du 16 novembre 1996 : « À l'origine, il y avait le Rocher avec quelques maisons et le fort qui gardait le port naturel que se disputaient guelfes et gibelins au cours de l'Histoire. Quand le palais s'est agrandi, on a construit un peu en désordre pour transformer le château fort primitif en résidence. Mais le palais a conservé au fil des temps sa position stratégique. Et avec le développement de la vieille ville, le palais est resté le symbole de la garantie de l'existence de la population. [...] C'est donc un symbole de la pérennité de notre nation. Pour moi – j'y suis né, mes enfants aussi –, le palais est vraiment la maison historique autant que familiale. [...] Il faut que le palais reste à l'avenir le symbole de l'autorité, de la pérennité du pays, comme cela dure depuis sept siècles avec les Grimaldi. »

C'est Albert qui a été nommé président du Comité d'organisation des célébrations du Septième centenaire : « Les Grimaldi à Monaco : sept siècles d'histoire. » Pour l'occasion, les subventions culturelles ont été portées à deux et demi pour cent du budget global. Les manifestations se prolongeront tout au long de l'année, jusqu'à la fête de Prince, célébrée traditionnellement le 19 novembre. À partir du 14 mars, un spectacle techniscénique *Deo-Juvante* se déroule dans la cathédrale. Une exposition itinérante « La principauté de Monaco, sept siècles d'histoire (1297-1997) » se tiendra à Paris au printemps. Elle ira également à Rome et Lausanne. Trois ouvrages sont écrits pour la circonstance, par Alain Decaux, Jean des Cars et par l'auteur de ces lignes (*Les Grimaldi, 700 ans d'une dynastie*, Philippe Delorme, Balland, 1997).

Vers la fin de l'après-midi du 31 mai, Rainier a invité personnellement chacun de ses six mille sept cent cinquante et un sujets à fêter avec lui son soixante-quatorzième anniversaire, devant le palais. Il en profite pour complimenter et embrasser Fanny Grignolo, cent deux ans, la doyenne des Monégasques. À un journaliste qui le félicitait un jour d'être « le seul chef d'État au monde à pouvoir réunir tous ses sujets dans son jardin », Rainier n'avait-il pas répondu non sans humour : « N'exagérons rien ! plutôt sur la pelouse du nouveau stade ! » Ce qu'il lui arrivera de faire...

Le prince possède le sens de l'autodérision. Tandis qu'il visitait l'Astrodome, un immense complexe sportif couvert de Houston au Texas, et qu'on lui suggérait de construire le même à Monaco, il avait rétorqué : « Merveilleux, nous pourrions être le seul pays "en salle" du monde ! »

Le 25 juillet 1997, Jacques Chirac effectue une visite présidentielle éclair en principauté. Cette « amicale et agréable parenthèse », comme la qualifie Rainier, dure à peine plus de cinq heures. Le chef de l'État français débarque sur l'héliport de Fontvieille, accompagné de son ministre des Affaires étrangères, Hubert Védrines. Revue des carabiniers, remise de décorations à Albert et Caroline – Rainier les a déjà toutes ! –

échange de cadeaux, entretien sur l'Union européenne, déjeuner sans protocole, visite du chantier de la gare souterraine et d'un laboratoire pharmaceutique. Le programme est mené au pas de charge.

Le président veut avant tout « souligner la permanence et la force de nos relations ainsi que l'exceptionnelle qualité de notre coopération bilatérale ». Un accord définitif sur la Sécurité sociale et l'Europe est ratifié. Si la principauté n'est toujours pas membre direct de l'Union, elle est considérée comme « un partenaire à part entière ». Elle adoptera l'euro à la même date que la France. Quelques milliers de pièces seront même frappées à l'effigie de Rainier III.

Lorsqu'il réfléchit sur son parcours politique, le prince insiste sur le pragmatisme de ses décisions : « Je ne pense pas avoir un destin exceptionnel. J'ai accompli des actions portées par les circonstances. J'ai su, peut-être, jouer avec les opportunités et faire en sorte qu'elles me soient favorables. Il faut parfois savoir tourner les circonstances à son profit. »

Au niveau international, la principauté – malgré son extrême exiguïté – s'est toujours exprimée d'une voix ferme. Et souvent sans souci du « politiquement correct », comme lorsque Rainier III s'est rendu personnellement, en 1975, aux funérailles de Franco. Elle entretient un réseau d'ambassades et de consulats dans une cinquantaine de pays, dont la France. Avec Saint-Raphaël et Gênes, Monaco a constitué le Ramoge, une alliance littorale contre la pollution marine. Enfin, Monaco a été accepté, le 28 mai 1993, comme cent quatre-vingt-troisième membre à part entière des Nations unies, et participe depuis longtemps aux activités de la francophonie.

« Que l'on prenne la principauté au sérieux », tel a été le leitmotiv de Rainier. Déjà, le 31 mars 1970, il se disait « convaincu que les petits pays sont, de par leur situation si vulnérable et si précaire, les meilleurs défenseurs d'une paix, hélas, perpétuellement menacée dans le monde. Car de cette paix dépend leur survie, bien que leur voix soit bien faible dans le concert des grandes nations du monde. » Il exprimera une idée similaire dans *Le Point* du 15 août 1983, mais d'une manière plus plaisante : « Nous sommes le piccolo dans le concert des nations, mais sans fausse note... »

Six ans plus tard, le prince confiait à Michel de Grèce : « Dès mon adolescence, j'ai toujours été agacé que nous ne soyons pas pris au sérieux. On parlait, à propos de Monaco, d'Offenbach, d'opérette, de paradis fiscal, du casino. On racontait que la principauté vivait de ces pauvres gens ruinés qui se suicidaient en se jetant sur la voie ferrée ou en sautant du Rocher. J'ai essayé d'aller à l'encontre de cette réputation. Les redevances de la Société des bains de mer ont changé. Ils ne peuvent plus, aujourd'hui, dépasser les 4 % du budget de l'État. Petit à petit, j'ai voulu rétablir le prestige de la principauté, faire qu'elle ne soit pas une sorte de Sodome et Gomorrhe, comme on le racontait. »

À partir de 1993, l'État lilliputien a lancé une nouvelle tranche de son ambitieux programme de grands travaux, portant sur trente hectares supplémentaires à gagner sur les flots, pour un coût de deux milliards huit cents millions de francs. Un tunnel autoroutier sous le Rocher, l'enfouissement intégral de la gare et de la voie ferrée, une digue, un Centre des congrès au Larvotto sur soixante mille mètres carrés, en sont quelques-uns des objectifs principaux, aujourd'hui réalisés. Mais le programme le plus ambitieux est la création, à long terme, sur des plates-formes ancrées au large, à l'intérieur des eaux territoriales monégasques, d'un quartier baptisé « Fontvieille-II ». « Il s'agira de gagner à nouveau une vingtaine d'hectares sur la Méditerranée, explique Rainier. Mais le projet est techniquement ambitieux, puisque les fonds sur lesquels se déroulera l'opération dépassent les cent mètres. »

Dans *L'Europe des rois*, Stéphane Bern écrit avec justesse et justice : « Au fond, ce que l'on reproche à la famille princière, c'est de ressembler plus à un directoire d'entreprise ou à une équipe à l'américaine faite pour gagner, qu'à une famille souveraine en guimauve et sucre d'orge. Monaco, c'est la monarchie spectacle, celle qui permet à tous les républicains du monde entier de s'identifier à une famille princière, dont on partage les joies et les peines. » Rainier III semble bien lui répondre lorsqu'il définit d'une boutade la spécificité des Grimaldi : « Nous avons peut-être moins d'inaugurations à faire que la reine d'Angleterre, mais nous avons davantage de travail, parce que nous sommes une affaire. » Une affaire qui « tourne » depuis sept siècles, *Deo-Juvante*, avec l'aide de Dieu !

En ce XXe siècle expirant, Rainier, gestionnaire talentueux, politique avisé, a su garantir la pérennité de sa principauté, en faire un micro-État viable, respecté, et même un peu agrandi, sans guerre ni annexion. Mais il comprend que Monaco, une fois de plus, se trouve à un tournant de son histoire. L'Europe est la nouvelle puissance dominante, avec laquelle il convient de composer et de s'accorder.

» Je suis intimement persuadé que les luxueux fastes des années passées sont terminés, confie-t-il à *Paris Match*. Que l'argent facile, c'est fini. Il faut que la principauté s'adapte, car elle ne pourra continuer à vivre sur sa renommée. Il nous faut trouver un public et des visiteurs plus jeunes. »

Le prince ne pèche-t-il pas par excès de pessimisme ? Après tout, Monaco reste encore une oasis de prospérité épargnée par les turbulences de la modernité. Le site Internet officiel de la principauté le proclame : « Principes fondamentaux de la qualité de la vie à Monaco, la sécurité des personnes et la propreté de la ville sont des exigences auxquelles nul ne déroge. Dans ce havre de paix, de sérénité, tout est conçu pour le bien-être des résidents. »

Avec un chômage qui dépasse à peine la barre des trois pour cent, avec une criminalité quasiment nulle, le Rocher a de quoi faire rêver les grandes nations voisines. La Surêté monégasque, dirigée par un haut fonctionnaire détaché de la police nationale française, dispose d'un effectif de quatre cents hommes – soit un policier pour cent habitants ! – qui reçoivent deux années de formation intensive. Sur l'ensemble du territoire, dans les halls de tous les immeubles de quelque importance, des caméras de vidéo-surveillance tournent nuit et jour. Tous les accès à la principauté peuvent être bloqués en quelques minutes. Le code de la route y est appliqué avec une particulière sévérité. Les forces de l'ordre ne tolèrent aucune mendicité, ni les tenues trop débraillées. Et les vigiles de sociétés privées de protection prêtent à l'occasion leur concours pour reconduire les indésirables au-delà des bornes de ce petit paradis azuréen.

« La sécurité doit être totale à Monaco », martèle le prince Rainier. C'est ainsi que les « VIP » résidents, et autres « beautiful people », mannequins ou sportifs à la mode, peuvent en toute quiétude arborer leurs rivières de diamants ou piloter leurs voitures de luxe, sans crainte d'être détroussés.

« Monaco, c'est avant tout une machine à rêves, un zeste de calme dans un monde instable, confirme Gérard Nirascou, dans *Le Figaro* du 24 juin 1996. [...] L'atout majeur de la principauté, c'est d'être restée une légende, un luxueux album aux pages glacées à l'abri duquel s'est constitué un pays moderne, avec ses réussites et ses zones d'ombre. [...] Avec en prime, un "must", une famille princière comme il n'en existe plus, vivant avec son temps, sous l'œil des médias, des amours que Barbara Cartland n'aurait même pas osé imaginer. Mais une famille qui fait rêver, qui séduit et laisse rarement indifférent. »

Pourtant, derrière ces couleurs de carte postale, se profile une autre réalité, « une principauté qui, au fil des ans, s'est transformée en un véritable État où les activités financières et bancaires prennent le pas sur le tourisme, où l'argent des jeux s'efface devant celui de l'immobilier, où la sécurité est maintenue par une police de fer ». Ce tableau, dépeint par un banquier monégasque, se confirme dans les faits. En ces dernières années du XXe siècle, le mètre carré dans les buildings de Monte-Carlo s'échelonne entre cent et quatre cent mille francs. À un tel prix, les seuls acheteurs sont vedettes ou hommes d'affaires alléchés par des privilèges fiscaux que Rainier souhaiterait encore renforcer pour transformer son petit État en l'une des premières places fortes financières internationales.

Selon un publicitaire américain, Monaco est « le produit marketing le plus élaboré et le plus sophistiqué qu'on puisse trouver sur la planète ». Or, dans cette réussite publicitaire, le rôle de chacun des membres de la famille Grimaldi semble parfaitement orchestré, ainsi que l'explique Gérard Nirascou : « Caroline et Stéphanie, ce sont les amours princières à l'heure de la techno ; Albert, le beau parti dont rêvent toutes les princesses du Gotha ; Rainier, le souverain dont le nom restera attaché à celui de la princesse Grace. »

Dans ces conditions, on ne s'étonnera guère de la fidélité indéfectible des sujets de Rainier III à l'endroit leur souverain. Mais aussi des résidents et des « travailleurs frontaliers » qui traversent, chaque jour, ces « frontières de fleurs » dont parlait Colette. En effet, sur une population active de trente-deux mille sept cents personnes en 1997, on compte vingt et un mille Français, trois mille Italiens et seulement huit cents Monégasques de souche. Lorsque, le 26 mars 1996, la principauté a connu l'une de ses premières manifestations de rue pour la défense du système local de Sécurité sociale, aucun slogan hostile au prince ne s'est élevé de la foule. « Ici, l'attachement aux Grimaldi reste une seconde nature. »

« Aujourd'hui encore, ajoute le journaliste du *Figaro*, Rainier III reste un *pater familias* attentif, qui régit de près sa famille et en régente souvent la vie quotidienne. [...] En bonne forme physique en dépit d'une opération cardiaque subie en décembre 1994, Rainier III aime à répéter : "Je me retirerai lorsque le prince Albert sera prêt." Une phrase où n'est mentionnée aucune date, ce qui, pour les initiés, signifie que Rainier souhaite continuer à exercer encore longtemps seul la réalité du pouvoir. »

Cet ennui de santé, survenu moins de trois ans avant les célébrations du Septième centenaire de la dynastie, avait laissé croire que le prince, las et vieillissant, abandonnerait le pouvoir à la faveur de cet anniversaire historique. C'est au cours de l'été de 1994 que Rainier connaît une première alerte cardiaque. En novembre, pendant une cure de thalassothérapie, à La Baule, avec Caroline, le prince est victime d'un malaise plus grave. Au lendemain d'une partie de golf, il doit s'aliter, terrassé par une inquiétante baisse de tension.

De retour en principauté, il apparaît fatigué, les traits tirés, à la fête nationale, le 19 novembre. D'ores et déjà, la nécessité de recourir à la chirurgie ne fait plus de doute, même si l'information n'a pas été rendue publique. Comme si de rien n'était, le prince Albert se rend à Calgary au Canada, pour s'entraîner avec l'équipe olympique de bobsleigh.

Rainier nourrit de sombres pressentiments. « Avant l'opération, révélera un proche du palais, il avait le moral à zéro, et il était persuadé qu'il ne s'en tirerait pas. » Le danger écarté, le prince confiera : « Le chirurgien m'a avoué qu'il avait tenu, pendant plusieurs minutes, mon cœur dans sa main sans qu'il batte. »

Fumeur impénitent – avec ses trois paquets de cigarettes quotidiens –, Son Altesse Sérénissime est également un gourmet, amateur de bonne chère et de grands crus. À soixante et onze ans, son existence plutôt sédentaire est rendue plus stressante encore par les soucis de sa charge et les aléas domestiques. « Je crois qu'il n'est pas moins complexe de gérer les problèmes familiaux que les affaires de la principauté », soupirera-t-il un jour.

Vendredi 25 novembre 1994, à l'issue d'examens complémentaires, le cardiologue du prince, le docteur Jean-Joseph Pastor, prescrit d'invervenir sans attendre davantage. Pendant plus de trois heures, de seize à dix-neuf heures trente, le prince va donc subir une « revascularisation coronaire » au centre cardio-thoracique de Monaco. En d'autres termes, le professeur Vincent Dor – l'un des pionniers mondiaux de la greffe du cœur –, procède à un double pontage de l'artère coronaire gauche.

Le premier bulletin médical assure que l'opération « s'est passée dans de bonnes conditions ». Dès le lendemain, le patient peut recommencer à s'alimenter, à lire les journaux et à recevoir sa famille. Cependant, le professeur Dor se garde de tout triomphalisme, en rappelant qu'« une intervention cardiaque comme celle-ci ne doit pas être prise à la légère ». De son côté, le docteur Pastor indique que le prince devra être maintenu en soins intensifs durant au moins une bonne semaine : « Mettons deux. Le choc opératoire pour un septuagénaire est sérieux. Il doit être suivi d'un régime draconien. Et les cigarettes devraient théoriquement être totalement interdites. »

Dès le samedi 26 au matin, Stéphanie est la première à se précipiter à l'hôpital. Le lendemain, les trois enfants se réunissent au chevet de leur père. Après dix jours d'observation, Rainier peut regagner le palais, dès le 6 décembre. Il est en assez bonne forme pour se prêter à une séance photos avec le personnel hospitalier. Le professeur Dor peut enfin crier victoire : « Le prince Rainier souffrait d'un rétrécissement de l'artère coronaire gauche, ce qui met en jeu la vie du patient. Cet état de choses, après investigation, a nécessité l'opération pour une revascularisation par double pontage de cette artère. L'opération s'est déroulée sans problème. »

Très vite, il apparaît que Rainier, loin de songer à prendre sa retraite, n'entend pas lâcher la barre. Et lorsque le 22 décembre, *Paris Match* fait sa couverture sur l'annonce d'une abdication prochaine, il s'insurge aussitôt et oppose un démenti cinglant « à cette nouvelle fantaisiste dénuée de tout fondement ».

Bien au contraire, le prince reprend sans tarder son rythme de vie habituel. S'il passe plusieurs mois dans son château de Marchais, où il s'adonne aux plaisirs de la chasse, à Monaco, Rainier demeure l'unique « patron ».

À Stéphane Bern, qui l'interroge en 1996 sur son planning d'une journée ordinaire, il détaille : « Généralement, le matin, j'ai une réunion avec le régisseur qui assure le bon fonctionnement du palais, avec une cellule de gestion composée d'un comptable, d'une secrétaire informatique, d'un assistant et d'un surveillant des travaux – qui gère les différents ateliers et établit pour l'année un programme de travaux. Avec le régisseur, je m'enquiers de l'évolution des chantiers : aller voir comment avancent les travaux, poser des questions. [...] Je vois le cuisinier, lui parle des déjeuners et dîners. Il me fait des propositions et me soumet ensuite un choix sur un cahier de menus selon ce qu'il a vu lui-même au marché. [...]

» La suite de la vie quotidienne : je vais dans mon bureau, lis mon courrier, rencontre les membres de mon cabinet, reçois des audiences. Je déjeune au palais. Parfois, j'organise des déjeuners de travail avec mon cabinet pour gagner du temps et expédier certaines affaires. »

Ses serviteurs ? « Tous ont en eux le désir de bien servir le prince. Et, après tout, ils forment aussi une aristocratie : travailler au palais est un privilège, y rester est une consécration ! » Rainier n'aime guère les visages qui changent. « C'est toujours dommage de voir certains partir. Mais, généralement, ils sont remplacés par des gens qui prennent rapidement le même style, le même comportement, la même valeur professionnelle. Cela doit provenir sans doute du génie des lieux. [...] Tous jouent le jeu parce qu'ils considèrent qu'ils font partie d'une même équipe, presque d'une famille. »

XIV

Le jubilé d'un règne

Pour ce qui concerne sa parenté charnelle – et singulièrement ses deux filles –, Rainier éprouve à coup sûr de plus grandes difficultés qu'avec ses sujets monégasques. « Chacun de nous donne une image différente de la famille princière, se justifie-t-il dans une interview au *Figaro*, le 2 mars 1995. C'est la conséquence d'une diversité de nos caractères. Le comportement de chacun est donc différent, mais je crois que cette diversité même donne de nous une image plus humaine. Nous ne voulons pas être des gens à part, mais des gens comme les autres, avec leurs problèmes, leurs joies et leurs peines. »

Stéphanie, encore et toujours, cultive son image de princesse rebelle. En quête éperdue du véritable amour, elle s'éprend de l'un de ses gardes du corps, Daniel Ducruet. « Il m'apporte le calme, la sécurité, le réconfort, se persuade la jeune femme. Je sais qu'il sera un bon père. » Quant à Rainier, il est loin d'être convaincu que ce Monégasque d'origine obscure, ancien poissonnier, constitue le prototype du gendre idéal !

Son mécontentement éclate lorsqu'il apprend que sa benjamine est enceinte. Rainier continue en effet d'afficher une certaine intransigeance morale, comme il le redira quelques années plus tard dans les colonnes du magazine *Oh là* : « Il arrive très souvent aujourd'hui que les enfants viennent au monde avant le mariage. C'est peut-être une évolution inévitable, mais regrettable à mes yeux. C'est dommage, car ce sont les enfants qui pâtissent de ces unions libres. La stabilité du foyer s'en trouve compromise. La famille fait pour moi partie des valeurs qu'il faut respecter et préserver. »

Toutefois, en dépit de cette pétition de principes, la naissance de Louis, le 26 novembre 1992, puis celle de Pauline, un an et demi plus tard, réveille la tendance naturelle du prince à l'indulgence. Aussi accepte-t-il de se rendre à la petite mairie de Rocher, pour le mariage civil de Stéphanie et de Daniel, le 1er juillet 1995. Malgré la présence du prince, la cérémonie a lieu dans la plus stricte intimité.

Pendant quelques mois, Stéphanie paraît avoir trouvé son équilibre au côté d'un compagnon fidèle. Hélas, en août 1996, coup de théâtre : la publication, par le magazine italien *Gente*, de photographies de l'époux inconstant en la compagnie non équivoque d'une strip-teaseuse anversoise du nom de Fili Houteman, sur le bord d'une piscine de Villefranche-sur-Mer, brise avec fracas les illusions de la princesse. Le divorce est expéditif, prononcé par acte souverain de Rainier III, dès le 4 octobre 1996.

« [Stéphanie] a beaucoup de caractère, soulignera plus tard Rainier. Elle sait ce qu'elle veut. Je lui ai souvent donné mon opinion, même non sollicitée. Mes conseils n'ont pas toujours été suivis, mais l'une de mes plus grandes émotions est qu'elle ait déclaré : “Mon père est le seul homme qui ne m'ait jamais trahie.” »

La jeune princesse, anéantie par cet adultère médiatique, trouve bientôt refuge dans les bras d'un autre garde du corps, Jean-Raymond Gottlieb, qui sera le père de son troisième enfant. Camille-Marie-Kelly voit le jour à Monaco, le 15 juillet 1998. Peu après le baptême, la princesse rompt avec son compagnon. Elle s'installe alors à Auron, une station de ski des Alpes-Maritimes.

Pendant l'été 2002, son aventure d'une saison avec Richard Lucas, maître d'hôtel du palais princier, fait le bonheur des échotiers. Après quoi ses pérégrinations la conduiront en Suisse, où elle tombera amoureuse de Franco Knie, directeur de cirque et dompteur d'éléphants. Pendant plusieurs mois, elle et ses enfants connaîtront l'existence itinérante des gens de la piste, avec le confort d'une caravane ultramoderne. Enfin, le 12 septembre 2003, Stéphanie se marie presque clandestinement avec Adans Lopez Peres, un acrobate portugais de talent, son cadet de dix ans. L'échange de consentement, presque clandestin, a lieu à Eaux-Vives, dans la banlieue de Genève. Cette fois, Rainier n'était pas là. Et le palais n'a réagi que par un communiqué laconique.

« Stéphanie est vraiment exceptionnelle, s'enthousiasme Adans. Je vis un rêve, parce que j'ai trouvé la femme idéale. » Pendant que son mari se produit sur la scène du Moulin-Rouge, la princesse se dévoue pour ses œuvres humanitaires, en particulier l'association Femmes face au sida, dans laquelle elle s'investit beaucoup. Le couple s'offre des escapades aux quatre coins du monde. Il se retrouve aussi à Monaco, où Adans a assisté au Festival du cirque, en janvier 2004. Trois ans auparavant, Stéphanie avait récompensé son futur mari d'un « Clown d'Argent ». Mais cette fois-ci, c'est depuis la tribune d'honneur qu'il appréciait le spectacle. Hélas, la romance sera de courte durée. Dès le mois de novembre 2004, Stéphanie divorçait de son bel antipodiste.

Après l'accident tragique qui avait coûté la vie à Stefano Casiraghi, Caroline avait fini par reprendre sa place de première dame de la principauté, à la grande satisfaction des Monégasques. Rainier n'avait-il pas confié un jour qu'elle « possède toutes les qualités d'une princesse régnante » ?

Les magazines lui prêteront durant plusieurs années une « liaison » avec l'acteur Vincent Lindon. *Paris Match* ou *Voici* ont même évoqué un mariage, contrecarré par le fait que Lindon, de confession israélite, aurait dû, pour cela, se convertir au catholicisme. La publication de photographies et de commentaires sur cette romance présumée a presque toujours donné lieu à des procès réitérés, dont le comédien est régulièrement sorti vainqueur.

À partir de 1996, le nouveau chevalier servant de Caroline est un ami de longue date, Ernst-August, chef de la maison royale de Hanovre, duc à Brunswick et Lunebourg, prince de la Frise orientale et de Hildesheim. Ce serait l'un des plus enviables partis du Gotha... si Son Altesse Royale n'était pas déjà mariée et père de deux garçons.

En plus, sa femme, Chantal Hochuli, se trouve être l'une des meilleures amies de la princesse. Autant dire que Caroline n'a pas le beau rôle. L'idylle est d'abord clandestine. Les amoureux sont surpris lors d'un voyage discret en Birmanie. On les reverra ensemble, à New York, à Marrakech ou au Kenya. La presse se perd en conjectures, jusqu'à ce que le divorce d'Ernst-August soit officiellement prononcé à Londres, le 23 octobre 1997.

Désormais, plus rien ne s'oppose à ce que Caroline, pour la troisième fois, convole en justes noces. Rainier, qui a reçu son futur gendre à Marchais lors d'un week-end de chasse, a donné sa bénédiction. En avril 1998, Ernst-August fait sa première apparition officielle au Bal de la Rose.

Cependant, certains obstacles, juridiques et psychologiques, subsistaient encore. Tout se dénoue dans les premiers jours de 1999. Après un séjour romantique au Portugal, Caroline annonce qu'elle attend un enfant. Le mariage civil est célébré dans la salle des Glaces du palais de Monaco, le 23 janvier, à onze heures, jour du quarante-deuxième anniversaire de la princesse. Seul Rainier et un parterre d'invités triés sur le volet sont présents. Comme l'autorise l'ordonnance du 15 mai 1882 pour les membres de la famille princière, il n'y a pas eu de publication de bans. Rainier s'est contenté d'informer par lettre le président Chirac. Quant à Ernst-August, il a demandé l'autorisation de sa cousine, la reine Elisabeth II. Néanmoins, en se mariant avec une catholique, il perd ses droits au trône britannique.

Dans son article paru dans *Point de Vue* intitulé et « Le oui de Caroline » à Ernst-August, Mathias Cléry ne dissimule pas sa satisfaction devant cette happy end : « Il y a si longtemps qu'elle espérait cela. Un vrai mariage comme en font les princesses [...] avec l'héritier d'une des plus vieilles familles allemandes, proche cousin de la reine d'Espagne et des Windsor. Mais surtout un mariage d'amour avec l'homme qui partage sa vie depuis bientôt trois ans. »

Rainier n'est certainement pas fâché par cette alliance inattendue, qui vient teinter d'un peu de bleu le sang des Grimaldi. Même si, par la suite, Ernst-August défraiera souvent la chronique par ses violences et son caractère irascible...

Le 20 juillet 1999, à Vöcklabruck en Autriche, Caroline donne le jour à une petite Alexandra, titrée princesse de Hanovre, duchesse à Brunswick et Lunebourg. Avec ce septième petit-enfant – un pour chaque siècle de la dynastie Grimaldi – Rainier peut s'abandonner à nouveau à la joie d'être grand-père. Il se réjouit car, avec les fils et les filles de Caroline et de Stéphanie, « le courant passe bien. Ils me parlent librement, me racontent leurs petites histoires ». Andrea, Charlotte, Pierre, Louis, Pauline, Camille et Alexandra ne forment-ils pas la plus belle des couronnes qu'un prince puisse rêver ?

« Ville bouclée, foule triée sur le volet, badauds tenus gentiment à distance. [...] Rues pavoisées, policiers en grande tenue et gardes du palais plus chamarrés que les Suisses du Vatican : rien ne manquait hier à la fête marquant le jubilé de Rainier III. Un prince sensible, émotif même, partagé entre ses inquiétudes quant à sa succession et ses espoirs de voir se pérenniser une monarchie authentique, cultivant comme à plaisir son air d'opérette sous un soleil de mai rayonnant. Un souverain paraissant marqué à jamais par son deuil et qui, parfois, comme étranger au déroulement liturgique puis profane d'une cérémonie parfaitement réglée, entrait en lui même pour songer sans doute à la princesse Grace, sous les regards inquiets de ses deux filles, Caroline et Stéphanie. »

Dans l'édition du 10 mai 1999 de *France Soir*, Bernard Oustrières décrit en ces termes le cinquantième anniversaire de règne de Rainier III, comme « un jubilé tout en retenue ». Cependant, le prince de Monaco aurait eu toutes les raisons de pavoiser et de marquer davantage l'événement. À l'époque contemporaine, seuls Hirohito du Japon et Bhumibol de Thaïlande ont battu son record de longévité au pouvoir. À Jean des Cars qui lui rappelle qu'il a connu sept présidents de la République française, Rainier fait une réponse convenue : « Je pense que la présence du prince souverain à la tête de l'État monégasque est le principal garant de sa stabilité. La valeur essentielle de la monarchie, à mes yeux, est la continuité qu'elle assure et qui constitue un atout considérable qu'il faut préserver et développer. »

Car, à soixante-seize ans, Son Altesse Sérénissime déteste les bilans et les commémorations. Ce jubilé d'or du 9 mai, qui en cette année 1999 tombe un dimanche, Rainier a voulu qu'il soit « fêté en famille, avec simplicité et sincérité ». À dix heures, le prince et les siens au grand complet assistent à une messe d'action de grâce, célébrée à la cathédrale par le cardinal Paul Poupard, président du Conseil pontifical de la culture. Ensuite, un déjeuner officiel de cent cinquante couverts précède une grande réception place du Palais, de seize à vingt heures, sur invitation de la commune et du Conseil national. Elle a été réservée aux Monégasques, afin de « témoigner de leur attachement à leur prince souverain ».

Le prince prononce une allocution de vingt minutes, empreinte d'émotion, avant de céder à la parole à Jean-Louis Campora, président de l'Assemblée, puis à sa sœur jumelle Anne-Marie Campora, maire de Monaco. Décidément, le Rocher est une affaire de famille ! Enfin, après le crépuscule, a eu lieu autour du port, le classique spectacle audiovisuel et pyromusical.

Néanmoins, Rainier III est fier de l'œuvre accomplie en un demi-siècle, comme il déclare au magazine *Oh là* : « Je pense avoir bâti une principauté solide, active et moderne, prête à entrer de plain-pied dans le XXIe siècle. Jeune souverain, mon premier souci avait été de détruire l'image de pays d'opérette, de paradis fiscal, de lieu de carnaval dont la principauté était alors affublée. [...] Au fond, ce qui m'a hanté dans les premières années de mon règne a été le désir que nous soyons pris au sérieux. »

Avec un chiffre d'affaires supérieur à quarante-quatre milliards de francs en 1998, « l'entreprise Monaco » a de quoi exciter l'envie et la calomnie. « En général, déplore Rainier, les médias sont plus intéressés par le “scoop” que par l'information. » Au reste, ils ne s'en privent pas ! Au cours des mois précédant le jubilé de 1999, plusieurs « dossiers brûlants » ont été révélés dans la presse, avec plus ou moins de vraisemblance. Il a ainsi été question d'activités maffieuses, de blanchiment d'argent favorisé par un système judiciaire trop laxiste. Et même d'un trafic de timbres-poste de collection, dans lequel Rainier aurait touché une commission d'un million et demi de francs !

Jusqu'à l'AS Monaco, la fameuse équipe de football, qui fait l'objet de soupçons. Certains de ses sponsors seraient fichés par Interpol ! Dans son numéro du 10 décembre 1998, l'hebdomadaire *VSD* – qui ne redoute aucune métaphore – titre sur une double page : « Trois affaires qui vont faire tanguer dangereusement le Rocher. »

À plusieurs reprises, Rainier a été confronté à ce genre d'accusations. En 1994 déjà, une commission d'enquête avait permis de réformer certains dysfonctionnements du casino de Monte-Carlo et de la SBM. Le prince possède assez d'expérience pour manœuvrer dans la tourmente, quitte à concéder : « Des erreurs ? Bien sûr. Qui n'en commet jamais ? La vie serait terriblement ennuyeuse sinon. »

D'une résistance à toute épreuve sur le plan politique, c'est sur celui de la santé que Rainier donne à nouveau quelques signes de faiblesse. Le 16 décembre 1999, il subit une nouvelle intervention chirurgicale, à cause d'une « dilatation anévrismale de l'aorte abdominale » découverte lors d'un examen de routine. La portion d'artère déficiente est remplacée par une prothèse en téflon.

Mais à peine entré en convalescence, le prince doit retourner au centre cardio-thoracique de Monaco. Le 2 février 2000, l'équipe du professeur Dor y procède à une ablation partielle du poumon, afin d'enlever une « formation nodulaire » suspecte. Une biopsie sera effectuée sur cette « excroissance de taille réduite », pour déterminer la présence éventuelle de cellules cancéreuses.

Quarante-huit heures après cette deuxième opération, l'infatigable lutteur peut déjà s'asseoir dans son fauteuil, feuilleter les journaux et regarder la télévision. Régulièrement, les communiqués du palais expliquent que la situation évolue de manière satisfaisante. « Tout en restant sous surveillance chirurgicale continue, le prince a commencé à se lever et à se déplacer. » En réalité, une aggravation imprévue de son état survient dans la nuit du 11 au 12 février, vers minuit et demi. En raison d'une accumulation de gaz dans la cavité pleurale, les médecins pratiquent un pneumothorax pour aider le prince à respirer. D'urgence, ils posent deux drains dans la cage thoracique.

Pour la première fois, Rainier est absent à la clôture du Festival international du cirque de Monaco. Le prince Albert l'avait également remplacé, le 26 janvier, à la traditionnelle fête de Sainte-Dévote, ainsi qu'à l'inauguration d'Imagina, le salon de l'image virtuelle. Rainier s'inquiète pour les Monégasques. Craint-il de les laisser orphelins ? « Il se fait plus de souci pour eux que pour lui-même, assure l'un de ses proches. Il est désolé d'être une cause d'inquiétude. C'est un peu notre père à tous. Le prince est un vieux lion, vous verrez, il se battra jusqu'au bout. Il est très croyant, comme tous les Grimaldi, et il s'en remet à la volonté de Dieu. »

Au terme de vingt-trois jours d'hospitalisation, Rainier retrouve enfin son cher palais où il commence, sous le contrôle d'un kinésithérapeute, des séances de rééducation respiratoire. Certes, il n'a jamais cessé de suivre les affaires en cours par le truchement de son ministre d'État, Patrick Leclercq, ancien ambassadeur de France en Espagne, et de son chambellan, le très dévoué colonel Serge Lamblin. Mais dans son bureau, les dossiers l'attendent. D'autant que bientôt, éclate entre la principauté et la France une crise qui couvait depuis plusieurs années.

Quelques mois avant le Septième centenaire, Rainier avait demandé au ministre d'État Paul Dijoud de démissionner, sous la pression de certains milieux monégasques. En janvier 1999, le prince publiait un message sous la forme d'un « livre blanc » intitulé *Monaco, mythes et réalités*, destiné à répondre aux nombreuses critiques adressées de plus en plus fréquemment à la principauté par la presse internationale.

Quoi qu'il en soit, il semble que le gouvernement de Lionel Jospin ait décidé d'en découdre avec cette enclave capitaliste, cette épine princière plantée dans le talon de la France socialiste. Les députés Vincent Peillon et Arnaud Montebourg se voient confier une mission d'information parlementaire. Leurs conclusions sont rendues publiques le 10 octobre 2000. Le dossier de cent quarante pages, intitulé « Un territoire complaisant sous protection française », prend des allures de réquisitoire.

Le fief des Grimaldi se rendrait coupable de « délinquance financière » et d'évasion fiscale, sur fond de trafics interlopes. En outre, les deux rapporteurs épinglent « l'absence de déontologie bancaire rigoureuse, l'existence d'une législation qui garantit l'anonymat des transactions, un casino sous contrôle, une coopération judiciaire défaillante font de Monaco un lieu propice au blanchiment des capitaux » : « Territoire exigu de cent quatre-vingt-quinze hectares et sans ressources naturelles, Monaco doit sa richesse et son développement non pas à sa seule vue sur la mer mais avant tout à la volonté politique délibérée de ses souverains d'en faire un État attractif pour une population fortunée. À différentes périodes de son histoire la principauté de Monaco s'est trouvée au bord de la ruine, à chaque fois le salut est venu d'un choix stratégique de développement économique voulu par ses princes. »

Sans doute est-ce à ce « choix économique » – différent des orientations alors en vogue à l'hôtel Matignon –, qui exaspère le plus le gouvernement français. Toujours est-il que Lionel Jospin exige de Monaco que « soit mis fin à ces dérives ». Faute de quoi seraient votées des « mesures législatives ». En réalité, derrière ces vagues critiques assorties de menaces, la France dissimule mal son désir d'assujettir les résidents français à l'ISF – le fameux impôt sur les grandes fortunes...

Patrick Leclercq est le premier à monter au créneau. Bien que français, le ministre d'État se doit d'exprimer les griefs du prince : « C'est une opération de dénigrement menée au mépris des faits, dans une vision délibérément orientée. Cela illustre l'arrogance et la désinvolture dont on croit pouvoir user lorsqu'un petit État est en cause. » Il rejette en bloc toutes les accusations de Paris. D'ailleurs une instance internationale comme l'OCDE – Organisation de coopération et de développement économiques – ne fait pas figurer Monaco sur la « liste noire » des pays refusant de lutter contre le blanchiment.

Rainier prend bientôt le relais. Dans une interview accordée au *Figaro*, le 31 octobre 2000, Son Altesse Sérénissime donne à son tour de la voix : « Les accusations et les critiques portées à notre égard m'ont peiné et déçu. Le ton désagréable avec lequel elles ont été proférées est offensant pour Monaco, d'autant que les reproches qui nous sont faits, concernant notamment le blanchiment d'argent, sont faux. » Il ne s'agit de rien d'autre, que d'une « volonté délibérée de nuire à l'image de Monaco. [...] Ce sont des procédés que nous ne pouvons accepter. »

Puis, répondant aux allégations du rapport Peillon-Montebourg, le prince soutient : « Concernant la lutte contre le blanchiment de l'argent sale, nous avons un système performant et plus sévère que bien des pays européens. » D'ailleurs, comment de telles malversations auraient-elles pu passer inaperçues, lorsque l'on sait que les postes-clefs de l'État monégasque sont tenus par de hauts fonctionnaires français, et le système bancaire contrôlé par la Banque de France ? « Ces attaques n'ont qu'un but : attirer l'opprobre sur Monaco. C'est inadmissible. »

Les véritables raisons de cette attitude hostile ? « Je crois tout simplement que certains, en France, sont jaloux de la réussite de Monaco, de son niveau de vie, de son régime fiscal adapté à ses besoins, de son dynamisme, et qu'il est plus facile d'expliquer cette réussite en parlant d'argent sale qu'en louant la bonne gestion de l'État monégasque. »

Pourtant, la France devrait se garder de tuer cette petite poule aux œufs d'or que représente la principauté : « Tout ce qui est bon pour Monaco est bon pour la France. Le dynamisme économique monégasque profite largement aux Français : vingt-cinq mille d'entre eux travaillent en principauté. Les entreprises françaises participent à tous les grands travaux qui se réalisent à Monaco. La plus grande partie des flux financiers de la principauté passe par des banques françaises. »

Et Rainier termine son plaidoyer en évoquant la nécessité de modifier les rapports entre les deux pays. « Monaco ne peut accepter de se laisser traiter comme Paris vient de le faire. La France doit nous respecter. Nous sommes un État souverain. Trop longtemps, je crois, nous avons accepté que notre souveraineté soit limitée. Il est temps de dépoussiérer les traités qui nous lient à la France. [...] La principauté entend retrouver sa pleine souveraineté... Il n'y a plus de raison que Paris intervienne aussi massivement dans les affaires intérieures monégasques. »

Comme mesure symbolique, le prince suggère qu'à l'avenir, il redevienne libre de choisir ministres et magistrats à sa guise, et non plus sur une liste imposée par la France. Et il conclut en affirmant qu'il faut « rendre Monaco aux Monégasques ».

L'accent est martial. Les ennuis de santé de Rainier paraissent de l'histoire ancienne et il a retrouvé toute la fougue de sa jeunesse. On se croirait revenu quarante ans en arrière, au temps des affrontements avec le général de Gaulle. Aujourd'hui, le prince n'entend plus se faire dicter sa conduite. Et pour être fort, on se rassemble : « Les petits pays comme Monaco devraient constituer à côté de l'Union européenne, une espèce de "club"qui pourrait arrêter sur des sujets qui leur sont communs une ligne de conduite similaire. »

Dans le magazine *Gala* du 15 novembre 2000, Alain de Keramoal se fait l'écho de cette volonté farouche : « Ce n'est pas encore la guerre, mais on y est presque ! À soixante-dix-sept ans, papy fait de la résistance. Le souverain ressort un sceptre que l'on croyait jusque-là, métamorphosé en hochet. Bref. Rainier règne... »

XV

Aujourd'hui... Albert II

Le 31 mai 2003, Son Altesse Sérénissime Rainier III, prince souverain de Monaco, duc de Valentinois, fête son quatre-vingtième anniversaire. Une fois encore, les revues illustrées brossent le portrait du patriarche des Grimaldi. En dépit du poids des années, il n'a rien changé à la régularité de son emploi du temps. Il se lève à huit heures, se couche avant minuit. On rappelle qu'il collectionne les automobiles anciennes, les timbres, les plateaux commémoratifs en argent, les cravates Hermès... et les animaux en peluche. En revanche, il n'apprécie guère les mondanités et n'accorde jamais d'autographes. S'il a arrêté le saxophone, par manque de souffle, il adore le jazz. Il a une passion pour le football et chasse encore le sanglier.

Depuis toujours, son eau de toilette est Habit Rouge de Guerlain. De son éducation outre-Manche, il a gardé une prédilection pour les pulls Old England, les chaussures John Lobb et les produits de rasage Penhaligon's. Son tailleur reste Louis Sciolla, installé à Monte-Carlo. Et ses boutons de manchettes Cartier sont ornés de son monogramme : deux « R » entrelacés.

Malgré les conseils de ses médecins, le prince n'a guère renoncé aux plats en sauce et autres plaisirs gastronomiques. Gibier, œufs brouillés au saumon, pâtisseries, bouchées au chocolat et glaces italiennes continuent de faire ses délices. Son cuisinier préféré est Alain Ducasse – propriétaire du restaurant Le Louis XV à Monaco –, dont il raffole des légumes provençaux à la truffe noire. Le tabac, enfin, demeure le mauvais compagnon de ses vieux jours, ainsi que le déplore Albert : « Mon père fume ce qui lui tombe sous la main, des brunes, des blondes, des cigarillos. Mais il a tout de même réduit énormément sa consommation. »

Le contentieux avec Paris est réglé le 24 octobre 2002, par la signature d'un nouveau traité, réaffirmant la « mutuelle confiance » et l'« amitié traditionnelle », entre les deux pays, que lie une « communauté de destin ». Toutefois, les résidents français installés à Monaco à partir de 1989 devront se résoudre à acquitter l'ISF en 2004 –, l'état de santé de Rainier recommence à donner de sérieuses inquiétudes. Le 16 décembre 2003, après un week-end de chasse à Marchais, le prince, affaibli par un « état grippal » doit être mis en observation à l'hôpital, « afin d'y subir des examens prescrits par ses médecins ». Moins d'une semaine plus tard, le 21 décembre, il peut regagner le palais pour y préparer les fêtes de Noël en famille.

Mais les Monégasques sont de nouveau préoccupés lorsque, le 2 janvier 2004, leur souverain est contraint de retourner à l'hôpital. « Le professeur Vincent Dor et le docteur Jean-Joseph Pastor, ayant constaté un état de fatigue général, suite à une insuffisance respiratoire, ont préféré placer le prince sous une surveillance médicale continue pendant quelques jours. » Le communiqué officiel adopte un ton lénifiant. Mais le séjour se prolonge, et le malade ne sort que le 22 janvier.

Un mois plus tard, c'est encore par la voix du palais que les habitants du Rocher apprennent que leur prince vient d'être victime d'une inquiétante rechute :

« Le docteur Jean-Joseph Pastor a fait hospitaliser au centre cardio-thoracique de Monaco, SAS le Prince Rainier III le 21 février 2004 à dix-huit heures pour un syndrome coronarien aigu. Les examens biologiques ont confirmé ce diagnostic en rapport avec une nouvelle lésion coronaire située juste au-dessous des pontages effectués en novembre 1994. Cette lésion, prise en charge par l'équipe médicale du centre cardio-thoracique de Monaco, cardiologue docteur François Bourlon et réanimatrice docteur Françoise Montiglio, a pu être immédiatement contrôlée par une dilatation avec pose de stent actif.

« Le professeur Vincent Dor et le docteur Jean-Joseph Pastor précisent que l'évolution est tout à fait satisfaisante et que la durée d'hospitalisation sera, en principe, de quelques jours. »

Les médecins – qui ne tardent pas à parler d'une évolution « tout à fait rassurante » – ont beau afficher un optimisme de circonstance, cette troisième hospitalisation au cours du même hiver ne laisse pas de mettre à l'ordre du jour – et cette fois-ci d'une manière pressante – la perspective d'une succession prochaine.

Néanmoins, Rainier sort du centre cardio-thoracique après quelques jours d'observation. Il sera désormais soumis à une surveillance médicale permanente, et les soins d'une infirmière lui sont devenus indispensables. Malgré sa fatigue, et les avis de la Faculté, il n'entend pas renoncer à toute activité publique. Si Albert assume la plupart des tâches courantes, Rainier tient à rester informé des affaires. Chaque jour, pendant au moins une heure, il étudie les dossiers, statue sur les questions cruciales, paraphe les actes officiels. Au fil des mois, les Monégasques le verront réapparaître, pour le Grand Prix de Formule 1 de Monaco, sur le chantier d'un nouveau complexe hôtelier, ou encore au bal de la Croix-Rouge. Le visage marqué par l'épreuve, courbé sur sa canne, le vieux ne veut pas renoncer. Jamais il ne s'avouera vaincu. « C'est un roc », confirme son entourage.

Le 5 octobre 2004, le prince héréditaire se rend à Strasbourg pour l'adhésion de Monaco au Conseil de l'Europe. Quelques semaines auparavant, le 24 juin, la principauté a conclu un accord avec la France, permettant aux citoyens monégasques d'accéder à tous les emplois publics dans leur propre pays. C'est la fin d'un protectorat déguisé. À l'avenir, le ministre d'État – c'est-à-dire le Premier ministre – ne sera plus nécessairement un haut fonctionnaire français, proposé par Paris. Hélas, Rainier ne peut assister à cette cérémonie, qui concrétise l'aboutissement d'un demi-siècle d'efforts pour renforcer l'indépendance de Monaco, comme il s'en félicite dans son discours, lu par Albert :

« Ce jour est pour moi un jour de très grande satisfaction comme il l'est, j'en suis convaincu, pour tous les Monégasques et les habitants de la principauté. Je le ressens avec émotion et fierté car il est l'aboutissement positif de l'initiative que j'ai prise en 1998 pour insérer notre pays dans une nécessaire solidarité avec son environnement européen.

» Si notre adhésion au Conseil de l'Europe répond dans cet esprit à une exigence de notre temps, elle s'inscrit aussi dans l'action que j'ai menée de longue date pour affirmer le statut international de Monaco et prendre en compte ses intérêts à long terme. [...]

» En devenant, comme je l'ai voulu, le 46e État membre du Conseil de l'Europe, la principauté de Monaco rejoint ainsi sa famille naturelle. Elle va, en son sein, s'attacher, dans la continuité de ses actions passées, à contribuer à la promotion du message de paix, d'humanisme, de respect des autres et de progrès que délivre le Conseil de l'Europe. »

L'absence du prince malade, le 19 novembre, lors de la fête nationale – jour de la saint Rainier d'Arezzo – est plus gravement commentée. « Le dernier combat », n'hésite pas à titrer le magazine *Point de vue*. « À l'image d'un Hussein de Jordanie, écrit Mathias Cléry, [il] a décidé de livrer avec lucidité, et un héroïsme certain, sa dernière bataille. Mais dans ce combat quotidien du grand âge, il faut parfois être fataliste. »

Depuis le 26 octobre, Rainier lutte avec courage contre l'arrêt du destin. Il a pris froid au cours d'une partie de golf et souffre d'une broncho-pneumonie que la faiblesse de son système immunitaire rend particulièrement inquiétante. Aussi a-t-il décidé – pour une fois – de se ranger à l'avis de la Faculté. Comme en 2002, il ne se montrera pas au balcon du palais. « Mes chers amis, explique-t-il dans une lettre aux Monégasques, je ne pourrai être parmi vous. Croyez bien que je le regrette, mais j'ai cru devoir me résoudre à la prudence qui m'a été recommandée. Je sais toute l'importance de cette fête pour notre communauté unie autour de ma famille. Ce sont des moments précieux de notre vie nationale que, cette année, je partagerai avec vous par la pensée. C'est tout naturellement que mon fils, le prince héréditaire, me représentera. »

Quelques jours plus tard, le professeur Yves Agid, chef de service à la Pitié-Salpêtrière, est appelé en consultation sur le Rocher. La venue discrète de ce neurologue parisien de renommée internationale relance toutes les conjectures. Le 25 novembre, le bruit court que Rainier serait dans le coma, à toute extrémité. À la une du *Figaro*, l'historien

Jean des Cars, proche de la famille princière, s'alarme : « Les Monégasques sont inquiets et ne savent plus qui croire ni que penser. Le silence nourrit les fantasmes. Le fait qu'un spécialiste ait été vu au palais fait craindre le pire. »

Or, s'il a fait un court séjour à l'hôpital Princesse-Grace pour subir une IRM – Imagerie à Résonance Magnétique – et une ponction lombaire, Rainier n'est nullement à l'article de la mort. C'est pourquoi le service de presse réagit avec une rare vigueur, dans un communiqué à l'AFP, le 26 novembre :

« C'est avec une grande émotion mêlée d'indignation que le palais princier de Monaco souhaite réagir aujourd'hui à ces bruits très largement colportés et dont certains de leurs auteurs, soucieux d'affirmer leurs dires, revendiquent une proximité avec le palais.

» Lorsque cela est utile, l'information relative à l'état de santé de S.A.S. le Prince Souverain fait l'objet d'un bulletin médical de ses médecins traitants, le professeur Vincent Dor et le docteur Jean-Joseph Pastor. Depuis la fin de sa récente hospitalisation aucun événement ne justifiait une telle démarche, la convalescence de Son Altesse Sérénissime se poursuivant normalement au palais princier. »

Le prince Albert lui-même, au cours d'un voyage officiel en Bulgarie, déclare « regretter profondément l'exploitation erronée qui est faite aujourd'hui de l'état de santé de [son] père. Je souhaite que ceci puisse cesser au plus vite et que chacun garde raison. »

Certes, le patriarche des Grimaldi n'a pas encore baissé les bras. Avec panache, il luttera jusqu'au bout. Le 20 janvier 2005, son arrivée imprévue au 29e Festival du cirque de Monaco, au bras de Stéphanie, déclenche une bourrasque d'applaudissements. Les spectateurs, debout, l'ovationnent pendant de longues minutes. Rainier ne peut retenir ses larmes d'émotion. Il éclate en sanglots. Dans une interview, publiée le même jour, il confiait pourtant : « Mes médecins et mon entourage ne sont pas favorables à ma présence sous le chapiteau [...]. Chacun s'inquiète que je prenne un coup de froid. Si je suis raisonnable, je devrai suivre leurs conseils... mais enfin nous verrons. »

Raisonnable, Rainier refuse obstinément de l'être. Le 18 février, les supporters de l'AS Monaco ont la surprise de le voir à la tribune d'honneur du stade Louis-II, pour un match de Ligue 1 contre Lyon. Ce sera la dernière sortie publique, et la dernière imprudence du prince. Le 7 mars, il est de nouveau hospitalisé au centre cardio-thoracique. Un premier communiqué, publié le lendemain, explique que cette décision a été prise en raison d'une infection broncho-pulmonaire. Toutefois, la suite se veut apaisante : « Sous l'influence du traitement institué une amélioration a déjà été constatée. Compte tenu des antécédents et des problèmes respiratoires engendrés par ce nouvel incident de santé, une surveillance médicale appropriée ainsi que des examens complémentaires sont rendus nécessaires et seront pratiqués ces prochains jours. »

Plusieurs semaines se passent, sans que Rainier quitte sa chambre d'hôpital. Personne, cependant, ne semble s'alarmer outre mesure. Samedi 19 mars, Albert et Caroline assistent au bal de la Rose, sur le thème du Brésil, et laissent entendre que leur père pourrait bientôt regagner le palais. C'est alors que l'état du prince, qui aurait fêté en mai son quatre-vingt-deuxième anniversaire, se dégrade brutalement. Le 22 mars, le professeur Dor et le docteur Pastor évoquent un « épisode infectieux pulmonaire [...] rapidement maîtrisé », mais ils n'en prescrivent pas moins, « compte tenu des antécédents coronariens du patient [...] un bilan cardiaque approfondi ». Les bulletins médicaux vont se succéder, presque chaque jour, de plus en plus pessimistes. Les trois enfants du prince se relaient à son chevet. Dès le mercredi 23, « une récidive infectieuse pulmonaire a nécessité le transfert du souverain dans le service de réanimation du centre ». L'aggravation des insuffisances cardiaque et rénale, puis des difficultés respiratoires rendent indispensables, le vendredi 25, « l'installation d'une assistance respiratoire mécanique ». Après une légère amélioration durant le long week-end de Pâques, les jours de Son Altesse Sérénissime Rainier III sont désormais comptés.

À quarante-sept ans, Albert II va donc succéder à son père. Mais pourquoi celui-ci n'a-t-il jamais voulu abdiquer ?

Cette question d'une éventuelle abdication, les journalistes n'ont cessé de l'agiter depuis plus de deux décennies. Et le prince souverain, imperturbablement, s'est toujours ingénié à l'éluder. Rainier aurait-il douté des capacités de son héritier ? Les proches affirment volontiers que, très indulgent envers ses deux filles, le seigneur du Rocher s'est toujours montré d'une sévérité excessive pour son seul fils, qu'il jugeait « trop gentil ».

Mais, réellement, qui est donc Albert ?

En dépit de sa discrétion – voire de sa timidité –, comprimé entre les fortes personnalités de ses deux sœurs, le doux « Albie » était appelé à devenir un jour Son Altesse Sérénissime Albert II, prince souverain de Monaco. Aussi ses parents ont-ils exigé énormément de lui. D'autant plus qu'il fut un enfant sans problème, comme Grace le confia un jour : « Je n'ai pas arrêté de donner des fessées à Caroline pour qu'elle obéisse. Quant à Stéphanie, c'est simple, j'ai renoncé à la punir. J'aurais pu la battre comme un gong sans la faire céder. Mais Albert, ce fut un rêve. Je n'avais même pas à élever la voix. »

Le petit prince héréditaire a dû apprendre à vaincre son bégaiement et à savoir se dépasser en toutes circonstances. Pendant quatre étés, entre douze et dix-sept ans, il a passé ses vacances dans un camp du New-Hampshire. Sept semaines de randonnées et de sport en plein air, avec ses cousins Kelly. « Je n'étais plus prince, se souvient-il. On m'appelait Albie, c'était idéal pour l'adolescent que j'étais. »

Jusqu'au cours moyen, il suit des cours particuliers, dispensés au palais par des précepteurs. Plutôt que la très sélecte école des Roches, en Normandie, il préfère poursuivre ses études secondaires sur le Rocher. C'est là qu'il s'est fait de vrais amis qui ne l'ont jamais trahi – « même si je les compte sur les doigts de mes deux mains ».

Très tôt, Albert se sent écrasé par la charge et le rang qu'il lui faut assumer. « Dès l'âge de cinq ou six ans, j'ai su que j'étais le prince héréditaire. Cela m'a toujours fait un peu peur. » Ainsi, il se souvient avec effroi de sa première apparition officielle : « Je devais dévoiler la plaque d'un tunnel ferroviaire avec mes parents. J'étais terrorisé à l'idée que le rideau ne se déchire pas. »

Sans doute a-t-il souffert de savoir qu'en aucun cas, il ne pourrait décider de sa destinée. « De toute façon, je n'ai pas le choix , répond-il à quelqu'un qui l'interroge à ce sujet alors qu'il a une dizaine d'années. J'étais complètement accablé par cette perspective. »

Cette tension psychologique, ce sentiment de frustration, expliquent aisément le caractère introverti qu'Albert développera à partir de l'adolescence. « Il s'est passé quelque chose en moi que je ne m'explique toujours pas. Je suis devenu timide devant le regard des autres. On me voyait en public, on m'observait durant les cérémonies... Sans la disparition de ma mère, je serais différent aujourd'hui. »

À l'image de son père, Albert répugne aux mondanités. Il n'a aucun goût pour les rallyes de la jeunesse dorée : « J'y suis allé une fois et j'ai craqué. Tout y était archifaux et antipathique. À des années-lumière des boums sympas que je fréquentais à Monaco. »

Néanmoins, à l'inverse de ses sœurs, le jeune prince ne prétend pas se rebeller, ni dévier de la voie qui lui est tracée. Les voyages et la pratique intensive du sport suffisent à satisfaire son besoin d'évasion. À dix-huit ans, après une année « sabbatique » pendant laquelle il étudie les différents rouages du gouvernement monégasque, Albert va poursuivre des études supérieures au Amherst College, dans le Massachusetts, l'une des meilleures universités américaines. Il y suit des cours de sciences politiques, d'allemand et d'histoire de l'art. Aux États-Unis, il a tout loisir de vivre incognito. Il a la joie de circuler en métro à New York. Il fait même des petits boulots, comme surveillant de bibliothèque ou encore manutentionnaire dans une société de nettoyage ! « Je recevais des fiches de paie, se félicite-t-il. Je crois avoir conscience de la réalité de chacun. »

Au contraire, ses séjours à Paris lui laisseront des souvenirs désagréables : « C'était l'horreur. Mes sœurs étaient constamment harcelée par les photographes, qui étaient bien une vingtaine à planquer en permanence en bas de notre appartement avenue Foch. Nos sorties finissaient en folles poursuites en voiture pour leur échapper. »

Un tour du monde à bord du porte-hélicoptères français Jeanne-d'Arc, cinq mois aux bureaux de la compagnie Morgan à New York, puis un stage de mercatique chez Moët et Chandon à Reims, ont parfait l'éducation de ce prince qui semble mettre un point d'honneur à accomplir un parcours sans faute.

Autant par le physique que par son tempérament consciencieux, Albert tient beaucoup de la princesse Grace. Enfin, rompu à toutes les disciplines sportives, Albert a couru le Paris-Dakar, et participé aux épreuves de bobsleigh, à l'occasion de plusieurs Jeux olympiques d'hiver, et encore en 2002, à Salt Lake City. « Le bobsleigh me procure toujours des décharges d'adrénaline, des émotions très fortes. La préparation mentale et la concentration que ce sport exige m'aident tous les jours dans mon travail quotidien. Je ne bois pas, je ne fume pas, je surveille mon alimentation, le sport est ma seule drogue ! »

En 1974, pour le jubilé du vingt-cinquième anniversaire du règne de son père, Albert, âgé de seize ans, avait assisté pour la première fois à une séance du Conseil national. Rainier avait déclaré : « Aujourd'hui, mon fils, le prince héréditaire, est auprès de moi, déjà conscient des devoirs et des responsabilités de sa haute et importante charge. Il sera de plus en plus à mes côtés, jusqu'au jour où il se sentira prêt à me succéder. »

Depuis lors, Albert s'est efforcé de faire ses preuves, non sans brio : « Ma partition est donnée, c'est vrai, dira-t-il en 1993 à Étienne de Monpezat. Mais je suis un peu comme un interprète, ou un acteur : le jeu m'appartient. Et le choix des nuances, des couleurs. Ce qui fait que la représentation, en définitive, vaut le coup ou non... »

Chaque année davantage, il s'implique de plus en plus directement dans les affaires de Monaco, où il jouit, par son sérieux, d'une grande popularité. Chaque matin, à l'aube, on peut le voir faire son jogging le long de la mer, sur le chemin des Douaniers. « Il dit bonjour à tout le monde, explique un commerçant du Rocher. Il s'informe de la santé des uns, des projets des autres. C'est un type complètement accessible, ouvert, chaleureux, pas fier pour deux sous. Dans la principauté, tout le monde l'adore. »

Son influence était telle que l'on a même pu parler de « binôme princier ». Déjà en 1989, Rainier expliquait qu'il désignait ses nouveaux collaborateurs en accord avec son fils, « parce qu'il faut penser à la reprise. Je voudrais qu'elle soit très douce et sans heurts. »

Albert présidait, entre autres, la Croix-Rouge et le Comité olympique monégasque. À la suite de l'admission de Monaco à l'ONU, le prince héréditaire, en tant que président de la délégation monégasque, a prononcé un discours à la tribune de l'organisation internationale, au mois d'octobre 1994. Il y reprenait ses thèmes favoris de la sauvegarde de l'environnement et de l'aide au tiers-monde. Assurément, ces deux thèmes seront les axes majeurs du règne d'Albert II : « J'aimerais qu'à l'avenir Monaco rayonne dans le monde par son action humanitaire. Grâce à ce que nous réalisons dans le monde entier [...], la principauté est devenue synonyme de générosité, d'amitié et d'aide. Telle est l'image que je veux donner de mon pays. »

À l'automne de 1984, le prince Rainier confiait : « J'ai l'intention d'abdiquer dès qu'Albert se sentira apte à prendre la responsabilité de diriger Monaco. Je ne veux pas qu'il attende ma mort pour prendre ma succession. [...] Je ne peux pas dire quand je partirai, j'espère que ce sera bientôt. »

Pourtant, onze ans plus tard – et malgré son double pontage coronarien –, Rainier affirme qu'il refuse de songer à l'abdication. Devant l'insistance du reporter du *Figaro*, Gérard Nirascou, il tergiverse : « Fixer une échéance est toujours difficile. Pour le moment, le problème ne se pose pas. Le prince Albert continue de former son processus de jugement, tout en participant activement à mes côtés au gouvernement de la principauté et en remplissant des tâches importantes de représentation. Cela étant, aucune date n'est fixée. Je ne souhaite pas un changement brutal. Il faut que la transition entre lui et moi se fasse progressivement. [...] Nous verrons avec mon fils, le moment venu, comment assurer la meilleure succession possible. »

Les observateurs ont cru que le Septième centenaire des Grimaldi pourrait être une date propice à une passation de pouvoir. L'année 1997 s'est écoulée sans que Rainier quitte son trône. Le jubilé de 1999, le passage au IIIe millénaire ? Albert l'a sans doute espéré, comme il le laissait entendre à Didier Contant pour *Paris Match* : « Il y a des chances pour que je sois souverain avant l'an 2000. [...] Tout simplement, il n'y a pas de date, c'est la seule vraie réponse. [...] Ma mère m'a appris beaucoup de choses de la vie. L'une d'entre elles est la patience, c'est une qualité essentielle. »

Et il ajoutera souvent : « Si je manifestais quelque impatience, on m'accuserait d'ingratitude. Si je ne dis rien, on me taxe de paresse et d'indifférence. »

D'ailleurs, Rainier lui-même souffle alors le chaud et le froid : « Cinquante ans de règne, l'aube du nouveau siècle, c'est assez symbolique tout cela. Mais il ne faut pas se tenir à une date. Tout dépendra beaucoup de lui, de son attitude, de ses aspirations. Le prince Albert doit se marier aussi, c'est important. Ce palais n'est pas destiné à devenir le fief d'un vieux célibataire. J'espère, naturellement, que des enfants suivront très rapidement ce mariage. »

Car le seul véritable reproche – mais n'est-ce pas un prétexte ? – que le vieux souverain adresse à ce fils trop parfait est son obstination à éluder la question de sa descendance.

Si l'on en croit les images qui filtrent parfois dans la presse, Albert, qui approche la cinquantaine, semble apprécier les mannequins, avec une préférence pour les Anglo-Saxonnes, grandes et blondes. Aussi l'a-t-on, tour à tour, « fiancé » à Claudia Schiffer, Brooke Shields, Lisa Marie Presley, ou encore Tasha de Vasconcellos. Mais aucun nom, aucune liaison n'a jamais reçu de confirmation officielle. Au point que certains journalistes n'ont pas hésité à prétendre qu'il serait homosexuel. Ce qu'Albert a toujours démenti, avec la plus grande netteté : « Au début, cela m'a fait rire. Ensuite, beaucoup moins. »

À Étienne de Monpezat qui, en 1993, pour *Point de Vue*, évoque cette rumeur, il répondra, sans gêne apparente : « Il suffit que quelqu'un lance le bruit. Les autres, pour avoir l'air affranchi, reprennent en chœur, avec la mine gourmande de ceux qui en savent beaucoup plus qu'ils ne veulent dire. Et le mal est fait. Que voulez-vous répondre ? Je peux simplement dire que je suis "normal", comme on dit : j'aime les femmes. Et d'ailleurs le nombre de fiancées qu'on me prête, photos à l'appui, devrait faire réfléchir sur la contradiction entre mes goûts supposés et mes conquêtes affichées. »

À plusieurs reprises, Albert pensera avoir trouvé la perle rare. Mais il a toujours reculé au dernier instant. À moins que les demoiselles n'aient hésité devant la position qui leur était offerte. Il n'est guère facile de prendre la place d'une Grace Kelly ! D'autant que le prince cultive, du mariage, « une vision complètement romantique, dans le genre grand amour fou qui dure toute une vie ».

Or si, à l'instar de son bisaïeul Louis II, Albert s'obstinait à demeurer célibataire, l'article 10 de la constitution, modifié par la loi 1249 du 2 avril 2002, prévoit que la succession au trône s'opérerait « au profit des frères et sœurs du prince régnant et de leurs descendants directs et légitimes, par ordre de primogéniture avec priorité masculine au même degré de parenté ». Ainsi pourrait-on imaginer, vers le milieu du XXIe siècle, un prince nommé Andrea Ier, issu d'une dynastie encore renouvelée : les Grimaldi-Casiraghi.

Depuis déjà longtemps, nul n'ignore à Monaco que c'est Albert qui exerçait, plus qu'un intérim, la réalité du pouvoir. En public comme dans le secret de son bureau, au troisième étage de la tour de l'Horloge, il se façonnait sa stature de futur chef d'État. L'abdication ? Rainier l'a-t-il jamais envisagée ? « C'est une affaire qui se réglera naturellement entre le prince Albert et moi sur la base de la confiance qui nous lie. » Et l'héritier paraissait sur la même longueur d'onde : « Mon père a toujours dit qu'il souhaitait ne pas finir ses jours au pouvoir, mais je n'imagine pas une abdication de sa part. Cela sous-entend comme un renoncement qui ne lui ressemble pas. »

« Je ne voudrais pas qu'on parle d'abdication brutale, disait Rainier dans les pages du *Figaro Magazine*, lors de soixante-dixième anniversaire. Il faut que cela s'accomplisse en douceur. Que le prince Albert, de plus en plus, prenne en mains ses activités, ses décisions. Je n'aimerais pas vivre une grande cérémonie d'abdication. Il convient que graduellement les pouvoirs soient transmis à mon fils, comme lorsque mon grand-père, le prince Louis II, a senti qu'il n'avait plus la force de tout assumer seul. Mais mon action ne s'achèvera pas avec moi. Ce qu'on réalise, on le fait en pensant à son successeur. Je veux laisser au prince Albert une principauté prospère, capable d'affronter sereinement l'avenir. »

Ces paroles de son père, en forme de testament spirituel, Albert II doit aujourd'hui les méditer. Gageons que le nouveau prince saura se montrer digne de ses ancêtres. Et que Monaco poursuivra son destin.

Comme depuis sept siècles. *Deo Juvante*, avec l'aide de Dieu...

Une vie en quelques dates

31 mai 1923 : Naissance à Monaco de Rainier-Louis-Henri-Maxence-Bertrand, fils de Charlotte Grimaldi et de Pierre de Polignac.

18 février 1933 : Séparés depuis plusieurs années, les parents de Rainier divorcent officiellement.

2 juin 1944 : La princesse Charlotte renonce à ses droits au trône. Rainier devient prince héréditaire.

28 septembre 1944 : Rainier s'engage dans l'armée française. Il est affecté au 7e régiment de Tirailleurs algériens et s'illustre dans la campagne d'Alsace.

Janvier 1947 : Démobilisé, Rainier retrouve Monaco. Sa vaillance lui a valu la Croix de guerre et la Légion d'honneur à titre militaire.

28 avril 1949 : Son grand-père, le prince Louis II, très malade, lui délègue ses pouvoirs.

9 mai 1949 : Mort du prince Louis II, son petit-fils devient Rainier III, nouveau prince souverain de Monaco.

19 novembre 1949 : Au terme de six mois de deuil, Rainier est intronisé solennellement.

Octobre 1954 : Rainier inaugure son centre d'acclimatation zoologique.

6 mai 1955 : L'actrice américaine Grace Kelly visite le palais de Monaco, sous la conduite de Rainier, qu'elle rencontre pour la première fois.

18-19 avril 1956 : Mariage du siècle sur le Rocher. La star de Hollywood devient la princesse Grace de Monaco.

23 janvier 1957 : Naissance de Caroline, premier enfant du couple.

14 mars 1958 : Albert, prince héréditaire, naît au palais de Monaco.

12 avril 1958 : Le prince lance la première tranche des grands travaux qui vont métamorphoser le visage de Monaco.

29 janvier 1959 : « Coup d'État » légal de Rainier qui dissout le Conseil national et suspend la constitution.

23 octobre 1960 : Visite officielle du général de Gaulle en principauté.

22-23 janvier 1962 : Dans la nuit, Rainier congédie son ministre d'État Émile Pelletier. La France hausse le ton et menace la principauté d'un blocus.

12-13 octobre 1962 : Des gendarmes français installent des contrôles routiers et douaniers aux entrées de la principauté.

17 décembre 1962 : La nouvelle constitution est promulguée.

18 mai 1963 : Sous l'égide du ministre des Finances Valéry Giscard d'Estaing, des accords franco-monégasques mettent fin à la tension entre les deux pays.

10 novembre 1964 : Disparition du prince Pierre, père de Rainier, qui jouait un grand rôle culturel à Monaco.

1er février 1965 : Après plusieurs espérances déçues, Grace met au monde une deuxième fille, prénommée Stéphanie.

Juin 1966 : Par décret, Rainier « nationalise » la SBM. L'armateur grec Onassis se retire.

15 novembre 1977 : Rainier perd sa mère, la fantasque princesse Charlotte.

28 juin 1978 : Mariage de Caroline avec l'homme d'affaires et « play-boy » Philippe Junot.

2 octobre 1980 : Le divorce de Caroline et de Philippe Junot est prononcé par le tribunal de Monaco. L'annulation religieuse n'interviendra que onze ans plus tard, le 20 juin 1992.

14 septembre 1982 : Victime la veille d'un très grave accident de la route, Grace meurt à l'hôpital de Monaco.

29 décembre 1983 : Caroline se remarie civilement avec un financier italien, Stefano Casiraghi.

8 juin 1984 : Naissance d'Andrea Casiraghi, fils aîné de Caroline et de Stefano. En l'état actuel de la succession monégasque, il vient au troisième rang, immédiatement après son oncle Albert et sa mère.

3 août 1986 : Naissance de Charlotte Casiraghi, fille de Caroline et de Stefano.

5 septembre 1987 : Naissance de Pierre Casiraghi, second fils de Caroline et de Stefano.

3 octobre 1990 : Le deuxième époux de Caroline, Stefano Casiraghi, se tue accidentellement dans une course de navires « offshore », au large de Monte-Carlo.

26 novembre 1992 : Naissance hors mariage de Louis, fils de Stéphanie et de son ex-garde du corps, Daniel Ducruet.

28 mai 1993 : Monaco devient le cent quatre-vingt-troisième membre à part entière des Nations unies.

4 mai 1994 : Naissance de Pauline, la fille de Stéphanie.

25 novembre 1994 : À soixante et onze ans, le prince subit un double pontage coronarien.

1er juillet 1995 : Stéphanie se marie civilement avec son compagnon, Daniel Ducruet. Rainier assiste à la cérémonie, à la mairie de Monaco.

4 octobre 1996 : Stéphanie divorce de Daniel Ducruet, à la suite d'un adultère très médiatisé.

8 janvier 1997 : Septième centenaire de l'installation des Grimaldi à Monaco.

15 juillet 1998 : Stéphanie accouche d'une deuxième fille, Camille.

23 janvier 1999 : Caroline épouse civilement, à Monaco, le prince Ernst-August, chef de la Maison royale de Hanovre.

9 mai 1999 : Les Monégasques célèbrent le jubilé de leur prince souverain.

20 juillet 1999 : Alexandra, princesse de Hanovre, fille de Caroline et Ernst-August, voit le jour à Vöcklabruck, près de Salzbourg, en Autriche.

16 décembre 1999 : Rainier subit une nouvelle intervention chirurgicale, destinée à remédier à une « dilatation anévrismale de l'aorte abdominale ».

2 février 2000 : Ablation partielle du poumon.

24 octobre 2002 : Nouveau traité d'amitié entre la France et Monaco, mettant fin à plusieurs années de tension.

12 septembre 2003 : Près de Genève, Stéphanie se remarie avec l'acrobate portugais Adans Lopez Peres.

16 décembre 2003 : Rainier est hospitalisé en raison d'un « état grippal ». Il devra retourner en observation à deux reprises en janvier et février 2004, pour un syndrome coronarien aigu.

23 mai 2004 : Le prince, toujours passionné de course automobile, remet la coupe du 62e Grand Prix de Monaco à l'Italien Jarno Trulli, sur Renault.

20 janvier 2005 : Le prince assiste au 29e Festival du cirque de Monaco et reçoit une immense ovation.

18 février 2005 : Il est à la tribune d'honneur du stade Louis-II, pour un match de Ligue 1 contre Lyon.

7 mars 2005 : Entrée au centre cardio-thoracique de Monaco.

Généalogie
Les soixante-quatre quartiers

Liste des ascendants du prince Rainier, sur six générations.

1. Rainier Louis Henri Maxence Bertrand GRIMALDI. Rainier III, prince de Monaco, depuis le 9 mai 1949. Né le 31 mai 1923 à Monaco. Marié le 19 avril 1956 à Grace Patricia KELLY, née le 12 novembre 1929 à Philadelphie (États-Unis), décédée le 14 septembre 1982 à Monaco.

2. Pierre Marie Xavier Raphaël Antoine Melchior DE POLIGNAC, comte Pierre de Polignac. Né le 24 octobre 1895 au château de Kerscamp en Hennebont (Morbihan). Décédé le 10 novembre 1964 à Neuilly-sur-Seine (Hauts-de-Seine). Duc de Valentinois, prince Pierre de Monaco sous le nom de Pierre Grimaldi, par son mariage, le 18 mars 1920 à Monaco (union dissoute par divorce le 18 février 1933 à Monaco) avec :

3. Charlotte Louise Juliette LOUVET. Née le 30 septembre 1898 à Constantine (Algérie). Décédée le 15 novembre 1977 à Paris. Fille naturelle, reconnue à la naissance, de Louis II Grimaldi,

prince de Monaco. Reconnaissance approuvée le 15 novembre 1911, par ordonnance du prince Albert Ier, avec le titre de mademoiselle de Valentinois. Adoptée solennellement le 16 mai 1919 par le prince Louis, elle devient Charlotte Grimaldi, princesse de Monaco et duchesse de Valentinois. Princesse héréditaire de Monaco par ordonnance du 1er août 1922.

4. Maxence Melchior Edouard Marie Ludovic DE POLIGNAC, comte Maxence de Polignac. Né le 13 décembre 1857 au château de Kerbastic en Guidel (Morbihan). Décédé le 28 novembre 1936, au château de Kerscamp en Hennebont (Morbihan). Marié le 10 octobre 1881, à Paris, avec :

5. Suzanne DE LA TORRE Y MIER. Née le 2 septembre 1858 à Mexico (Mexique). Décédée le 15 août 1913 à Talence (Gironde).

6. Louis Honoré Charles Antoine GRIMALDI. Louis II, prince de Monaco, du 26 juin 1922 au 9 mai 1949. Né le 12 juillet 1870 à Baden-Baden (Allemagne). Décédé le 9 mai 1949 à Monaco. Marié le 24 juillet 1946 avec Ghislaine Marie Françoise Dommanget, comédienne, née le 13 octobre 1900 à Reims (Marne), décédée le 30 avril 1991, à Neuilly-sur-Seine (Hauts-de-Seine). Sans postérité de cette union.

7. Marie Juliette LOUVET. Hôtesse de cabaret. Née le 9 mai 1867 à Pierreval (Seine-Maritime). Décédée le 24 septembre 1930 à Paris. (Mariée le 6 octobre 1885 à Paris, avec Achille Paul Léonore Delmaet. Divorcée le 14 janvier 1893).

8. Charles Marie Thomas Étienne Georges DE POLIGNAC, comte Charles de Polignac. Né le 21 décembre 1824 à Paris. Décédé le 5 septembre 1881 à Guidel (Morbihan). Marié le 26 mars 1851 à Paris, avec :

9. Caroline Joséphine LENORMAND DE MORANDO. Née le 27 janvier 1828 à Fort-Royal (actuel Fort-de-France, Martinique).

Décédée le 1er janvier 1883 au château de Kerbastic en Guidel (Morbihan).

10. Isidro DE LA TORRE Y CARSI. Né en 1816 à Puerto de Santa Maria, Cadix (Espagne). Décédé le 28 août 1881 à Vichy (Allier). Marié avec :

11. Luisa DE MIER Y DE CELIS. Née en 1830 à Palencia (Espagne).

12. Albert Honoré Charles GRIMALDI. Albert Ier, prince de Monaco, du 10 septembre 1889 au 26 juin 1922. Né le 13 novembre 1848 à Paris. Décédé le 26 juin 1922 à Paris. Marié le 21 septembre 1869 au château de Marchais (Aisne) avec (13). (Union déclarée nulle par Rome le 3 janvier 1880. Divorce le 28 juillet 1880 à Monaco). Marié en secondes noces avec Alice Heine, veuve du duc de Richelieu, le 30 octobre 1889 (Séparation judiciaire en 1902).

13. Lady Mary Victoria DOUGLAS-HAMILTON. Née le 11 décembre 1850 à Londres (Royaume-Uni). Décédée le 14 mai 1922 à Budapest (Hongrie).

14. Jacques Henri LOUVET. Agriculteur. Né le 30 septembre 1830 à Pierreval (Seine-Maritime). Décédé le 7 septembre 1910 à Rouen (Seine-Maritime). Marié le 3 février 1852 à La Rue-Saint-Pierre (Seine-Maritime), avec :

15. Joséphine Elmire PIÉDEFER. Née le 3 septembre 1828 à La Rue-Saint-Pierre (Seine-Maritime). Décédée le 10 juillet 1871 à Pierreval (Seine-Maritime).

16. Camille Henri Melchior DE POLIGNAC, comte Melchior de Polignac. Né le 27 décembre 1781 à Versailles (Yvelines). Décédé le 2 février 1855 à Fontainebleau (Seine-et-Marne). Marié le 1er octobre 1810 à Londres (Royaume-Uni), avec :

17. Marie Charlotte Calixte Alphonsine LE VASSOR DE LA TOUCHE DE BEAUREGARD. Née le 15 septembre 1791 au Lamentin (Martinique). Décédée le 22 juin 1861 à Fontainebleau (Seine-et-Marne).

18. Joseph François Louis Raymond LENORMAND DE MORANDO. Né vers 1769 à Cadix (Espagne). Décédé le 18 août 1843 à Paris. Marié le 17 février 1817, au Lamentin (Martinique), avec :

19. Anne Marie Elisabeth PAPIN DE THEVIGNÉ. Née le 2 août 1797 à Saint-Pierre (Martinique). Décédée le 12 mars 1870 à Tours (Indre-et-Loire).

20. Francisco DE LA TORRE Y COSSIO.

21. Josefa GIL.

22. Gregorio DE MIER Y TERAN. Né le 24 avril 1796, à Redondo, Palencia (Espagne). Décédé le 28 juin 1869 à Mexico (Mexique). Marié avec :

23. Mariana DE CELIS Y DOSAL. Décédée le 27 juin 1858, à Redondo, Palencia (Espagne).

24. Charles Honoré GRIMALDI. Charles III, prince de Monaco, du 20 juin 1856 au 10 septembre 1889. Né le 8 décembre 1818 à Paris. Décédé le 10 septembre 1889, au château de Marchais (Aisne). Marié le 28 septembre 1846 avec :

25. Comtesse Antoinette Ghislaine DE MÉRODE. Née le 28 septembre 1828 à Bruxelles (Belgique). Décédée le 10 février 1864 à Paris.

26. William Alexander Anthony Archibald DOUGLAS-HAMILTON, 11e duc de Hamilton, 8e duc de Brandon. Né le 15 février 1811 à

Londres (Royaume-Uni). Décédé le 15 juillet 1863 à Paris. Marié le 23 février 1843 à Mannheim (Allemagne), avec :

27. Marie-Elisabeth Karoline, princesse grand-ducale et margravine DE BADE. Née le 11 octobre 1817 à Karlsruhe (Allemagne). Décédée le 17 octobre 1888 à Baden-Baden (Allemagne).

28. Jacques Antoine LOUVET. Cultivateur. Né le 14 août 1793 à Pierreval (Seine-Maritime). Décédé le 19 mars 1872 à La Rue-Saint-Pierre (Seine-Maritime). Marié le 18 janvier 1825 à Bois-Guillaume (Seine-Maritime) avec :

29. Marie Catherine Émélie JOUANNE. Née le 19 septembre 1802 à Fontaine-le-Bourg (Seine-Maritime). Décédée le 23 mars 1889 à La Rue-Saint-Pierre (Seine-Maritime).

30. Pierre Michel Isidore Valentin PIÉDEFER. Aubergiste. Né le 1er avril 1798 à Quincampoix (Seine-Maritime). Décédé le 1er avril 1875 à La Rue-Saint-Pierre (Seine-Maritime). Marié le 28 novembre 1821 à Bosc-Bordel (Seine-Maritime), avec :

31. Marie Anne BRUNEL. Née le 16 août 1793 à Roncherolles-en-Bray (Seine-Maritime). Décédée le 11 novembre 1850 à La Rue-Saint-Pierre (Seine-Maritime).

32. Jules Francois Armand DE POLIGNAC, 1er duc de Polignac. Né le 7 juin 1745 à Claye-Souilly (Seine-et-Marne). Décédé le 21 septembre 1817 à Saint-Pétersbourg (Russie). Marié le 7 juillet 1767 à Paris, avec :

33. Yolande Martine Gabrielle Claude DE POLASTRON. Née le 8 septembre 1749 à Paris. Décédée le 9 décembre 1793 à Vienne (Autriche).

34. Louis Charles LE VASSOR DE LA TOUCHE DE BEAUREGARD. Né en 1751 au Lamentin (Martinique). Décédé en 1803 à la Martinique. Marié le 12 juillet 1784 à la Martinique, avec :

35. Calixte POCQUET DE PUILHERY. Née le 21 juillet 1760 au Lamentin (Martinique). Décédée le 2 juin 1835 à Fontainebleau (Seine-et-Marne).

36 à 47. *Inconnus.*

48. Tancrède Florestan Roger Louis GRIMALDI. Florestan Ier, prince de Monaco, du 2 octobre 1841 au 20 juin 1856. Né le 10 octobre 1785 à Paris. Décédé le 20 juin 1856 à Paris. Marié le 27 novembre 1816 à Commercy (Meuse), avec :

49. Caroline GIBERT (dite DE LAMETZ). Née le 18 juillet 1793 à Coulommiers (Seine-et-Marne). Décédée le 23 novembre 1879 à Monaco.

50. Comte Werner DE MÉRODE. Né le 24 janvier 1797 à Brunswick (Allemagne). Décédé le 2 août 1840 à Everbergh (Belgique). Marié le 24 juin 1818 à Bruxelles (Belgique), avec :

51. Comtesse Victoire DE SPANGEN D'UYTERNESSE. Née le 23 septembre 1797 à Bruxelles (Belgique). Décédée le 23 juillet 1845 à Paris.

52. Alexander DOUGLAS-HAMILTON, 10e duc de Hamilton, 7e duc de Brandon. Né le 5 octobre 1767 à Londres (Royaume-Uni). Décédé le 18 août 1852 à Londres (Royaume-Uni). Marié le 26 avril 1810 à Londres (Royaume-Uni), avec :

53. Susan Euphemia BECKFORD. Née le 14 mai 1786 au château de La Tour (Pays de Vaud, Suisse). Décédée le 27 mai 1859 à Londres (Royaume-Uni).

54. Charles-Louis, grand-duc DE BADE. Né le 8 juin 1786 à Karlsruhe (Allemagne). Décédé le 8 décembre 1818 à Rastatt (Allemagne). Marié le 19 avril 1806 à Paris, avec :

55. Stéphanie DE BEAUHARNAIS, Princesse impériale de France. Née le 28 août 1789 à Paris. Décédée le 29 janvier 1860 à Nice (Alpes-Maritimes).

56. Jacques Antoine LOUVET. Cultivateur. Né le 20 novembre 1773 à Pierreval (Seine-Maritime). Décédé le 9 janvier 1828 à Pierreval (Seine-Maritime). Marié le 17 juin 1793 à Pierreval (Seine-Maritime), avec :

57. Madeleine Aimable LEPEUPLE. Née le 12 juin 1774 à Pierreval (Seine-Maritime). Décédée le 2 décembre 1870 à Etoutteville-Ecalles (Seine-Maritime).

58. Jean-Baptiste JOUANNE. Né le 9 octobre 1772 à Ratieville (Seine-Maritime). Décédé le 25 novembre 1837 à Pierreval (Seine-Maritime). Marié le 30 août 1798 à Boisguillaume (Seine-Maritime), avec :

59. Catherine Julie JOLLAIN (ou JOULIN). Née en 1768 à Canon (Calvados). Décédée le 6 décembre 1837 à Pierreval (Seine-Maritime).

60. Michel Valentin PIÉDEFER. Né le 25 janvier 1775 à Quincampoix (Seine-Maritime). Marié le 19 novembre 1797 à Isneauville (Seine-Maritime), avec :

61. Marguerite LEGRAND. Née le 2 février 1776 à Isneauville (Seine-Maritime).

62. Pierre Jean BRUNEL. Né vers 1760 à Mauquenchy (Seine-Maritime). Marié le 30 juin 1789 à Mauquenchy (Seine-Maritime), avec :

63. Marie Anne DANIEL, originaire de Riberpré (Seine-Maritime).

Table des matières

Mis en pages par DV Arts Graphiques à Chartres,
cet ouvrage a été achevé d'imprimer en mars 2005
sur système Variquik
par l'Imprimerie Sagim-Canale à Courtry (77)
pour les Éditions Michel Lafon

Imprimé en France
ISBN : 2.7499.0356.4

Dépôt légal : mars 2005
N° d'impression : 8363